QUE PENSER

ET

QUE FAIRE?

PAR

L. RUPERT

PARIS

PALMÉ, ÉDITEUR DES *BOLLANDISTES*

RUE DE GRENELLE-SAINT-GERMAIN, 25

—

1871

QUE PENSER ET QUE FAIRE?

PARIS

IMPRIMERIE BALITOUT, QUESTROY ET Ce

rue Baillif, 7.

QUE PENSER

ET

QUE FAIRE?

PAR

L. RUPERT

PARIS

PALMÉ, ÉDITEUR DES *BOLLANDISTES*

RUE DE GRENELLE-SAINT-GERMAIN, 25

—

1871

Les pages que nous offrons au public ne sont pas l'exécution d'un plan arrêté ; écrites à différentes dates, selon que les événements ou le courant des préoccupations générales les ont fait naître, elles étaient plutôt destinées à entrer dans le domaine de la publicité par la voie du journalisme ou des revues périodiques. L'opportunité seule les a fait rassembler, afin qu'elles n'arrivent pas trop tard si elles peuvent être prises en considération. Que l'on ne s'étonne donc pas de voir parfois ramenées certaines pensées sur lesquelles le journalisme ne saurait trop insister, et qu'il peut faire prévaloir précisément par le droit qu'il a de les ramener toutes les fois qu'elles se rattachent aux questions du moment. Nous n'avons pas la prétention de faire un livre : que l'on veuille bien ne pas en exiger la forme et les qualités.

Nous espérons d'ailleurs que l'on sera devenu moins exigeant quant à ces questions de forme, et que l'on aura compris enfin la nécessité de s'attacher au fond des choses. Le temps n'est plus aux phrases de l'écrivain ni aux discours du rhéteur, et il n'y a plus à se demander : Que dire ? car on n'en a que trop dit depuis bientôt un siècle. Il ne reste aujourd'hui que deux questions à poser : *Que penser ?* et *Que faire ?*

Que penser du caractère de la lutte que la France et l'Eglise ont eu à soutenir dans ces derniers temps, et quelles ont été les véritables causes de nos humiliations et de nos désastres ? Que faire pour nous relever moralement et politiquement ? Tels sont les points sur lesquels nous avons essayé de porter quelque lumière.

QUE PENSER ET QUE FAIRE ?

LE SECOND EMPIRE JUGÉ A SON PREMIER JOUR

Paris, le 10 novembre 1852 (1).

Lorsqu'il n'est plus possible d'exprimer publiquement les pensées et les craintes que peut inspirer un événement des plus graves, lorsque les joies, les espérances et les applaudissements sont seuls permis à la presse, il n'en est pas moins utile à chacun de consigner par écrit ses impresssions pour mieux s'en ren-

(1) Ce qui est dit ici du second Empire a été écrit textuellement à la date que nous indiquons ; nous n'y ajoutons ni ne changeons pas un seul mot. On comprend que de telles appréciations n'avaient pu être livrées au public ; mais un de nos amis, à qui elles avaient été communiquées, en avait fait faire quelques copies qui ont été distribuées à Paris et en province. Nous les reproduisons comme pouvant donner quelque poids aux appréciations qui suivront.

dre compte à soi-même, pour retrouver plus tard les jugements que l'on aura portés et leur donner plus de poids si l'expérience vient à les justifier. Il y aura même des moments où les chrétiens fidèles n'auront plus guères d'autres moyens pour se soutenir et s'encourager les uns les autres au milieu des épreuves qu'ils auront à traverser.

J'ai lu hier comme tout le monde la série des discours, rapports et actes officiels qui annoncent la proclamation prochaine d'un nouvel empire ; intéressé comme tous les chrétiens et les Français à savoir quel en sera le caractère, il est naturel que j'écoute attentivement les voix qui me parlent et que j'interprète leur langage d'après les faits connus et d'après les idées admises comme les plus justes et les plus vraies.

Ce qui est clairement présenté, et ce qui est au fond de la pensée ou plutôt des désirs de tous ceux qui l'acclament, c'est que ce second Empire doit être le renouvellement du premier, moins la guerre, c'est-à-dire moins ce qui dépendait alors de la volonté d'un homme et qui, selon toute apparence, n'en dépendra plus et pourra devenir inévitable. Mais pour les chrétiens, pour ceux qui aiment l'Église par-dessus tout, que rappelle ce premier Empire que l'on s'apprête à renouveler, que l'on salue avec admiration et reconnaissance, et dont le caractère paraît si complétement oublié par des hommes qui n'en devraient jamais perdre la mémoire ?

Dans les fastes de l'Église et pour tous ceux qui

s'attachent à elle, l'Empire rappelle d'abord un moment de relâche entre deux persécutions dont la seconde a été moins glorieuse et moins utile que la première. L'Empire est ensuite la violence faite au Saint-Siége pour en obtenir ce qu'il ne pouvait accorder ; c'est le scandale d'évêques prévaricateurs bénissant une union illicite et adultère; c'est le scandale encore plus grand de pasteurs schismatiques se mettant en possession de siéges qui n'étaient point les leurs et gouvernant le troupeau sans mission ; c'est l'Eglise désolée ne pouvant plus transmettre à ses membres les pensées et les vœux de leur Chef; c'est le sanctuaire envahi par des vocations qu'inspirait seule la crainte des combats; c'est le domaine temporel des Papes injustement occupé ; c'est le Pontife-roi traîné en captivité et livré à des obsessions qui finissent par triompher de sa constance ; c'est la division portée jusqu'au sein du conseil permanent de l'Église et partageant ses Princes en deux catégories dont l'une restait scrupuleusement fidèle à ses devoirs, et dont l'autre fléchissait devant l'orgueil du persécuteur.

Le premier Empire rappelle donc à l'Église les plus grands scandales qu'elle ait à déplorer, et pour des chrétiens ces souvenirs sont bien propres à effacer tous les autres, bons et mauvais.

Comment oublier cependant que la fin du premier Empire est la démonstration la plus éclatante de la puissance de ce glaive spirituel qui frappe à toutes les hauteurs ? que ce sont les armes de l'Europe et les

1.

éléments eux-mêmes appelés à venger l'Église de son ennemi et de la nation qui s'en était faite le trop docile instrument? que c'est la fausse gloire changée en humiliations et les guerres injustes se résumant en défaites et en désastres qui mettent le peuple conquérant à l'entière discrétion de ses vainqueurs?

Serait-ce donc là ce que l'on devrait attendre du nouvel Empire, puisqu'il n'y a pas de bornes à l'admiration pour le premier, puisque l'on ne veut écarter que l'idée de la guerre tandis que les préparatifs s'en font déjà chez nos voisins? J'écoute ce que l'on dit à la France aujourd'hui même, à ce moment si grave où on lui annonce une nouvelle forme de gouvernement, où l'on s'attache à lui faire comprendre tout ce qu'elle en doit espérer. En de telles circonstances toutes les paroles sont pesées, et comme on n'a pas été pris au dépourvu, rien n'est donné au hasard.

L'*esprit* du premier Empereur *est avec* celui qui vient réclamer son héritage: « Sa pensée me guide, son ombre me protége, » nous dit-il (1). Quel esprit a donc assisté Napoléon 1er? Cet esprit a-t-il toujours été le même, au commencement et à la fin? Dieu nous garde de l'*esprit* qui a présidé au gouvernement de la France pendant quelques années !

Mais voici quelque chose de plus clair.

Le rapporteur de la commission du Sénat, qui doit connaître la pensée dominante du nouvel Empire, puisqu'il est chargé de la faire connaître aux autres

____

(1) Réponse de Louis-Napoléon à la députation du Sénat.

pour ensuite la faire adopter, nous dit ces paroles remarquables : « L'Empire sera l'ordre dans la Révolution, la règle dans la Démocratie. »

Si celui qui parle dans cette circonstance solennelle entendait ce mot de Révolution dans un autre sens que celui que tout le monde y attache, assurément il l'expliquerait. Mais qu'est-ce donc que la Révolution ?

Toute l'Allemagne et la France ont applaudi dernièrement aux paroles d'un savant docteur protestant, qui établissait et démontrait avec autant de force que d'éloquence que « la Révolution n'est autre chose que la substitution de la volonté humaine à la volonté divine ; » que cette volonté humaine ait pour organe les comices de tout un peuple ou un seul homme qui domine tous les autres, peu importe : la Révolution se personnifie tout aussi bien dans un individu que dans les masses. Tout ce qui a quelque foi religieuse, quelque amour de l'ordre, a accepté avec empressement cette doctrine si nettement formulée par le docteur allemand, et pourquoi ? Parce que tout le monde y a trouvé l'expression exacte de ce que l'on sentait sans l'avoir aussi clairement défini.

Quand vient le moment où la société a besoin d'être fortement avertie et de connaître parfaitement les voies où elle marche, la Providence envoie la plupart du temps pour l'éclairer d'autres hommes que ceux qui sont communément chargés de porter la lumière. Voilà, je n'en doute pas, pourquoi le docteur Stahl a été si magnifiquement inspiré pour jeter le plus grand jour sur le véritable caractère de la Révolution. La voix d'un philosophe ou d'un théologien catholique eût rencontré plus de prévention que la sienne.

La Révolution est donc la négation de la souveraineté de Dieu sur les peuples ; c'est là ce qui sera le caractère de l'Empire, et le prétendant lui-même ne veut pas d'autre source de sa puissance lorsqu'il dit qu'en le couronnant la nation se couronnera elle-même (1). Il déclare ne vouloir relever que des hommes et non pas de Dieu, dût son autorité en être moins grande et moins stable ; mais il se réserve sans doute d'empêcher les hommes d'exprimer jamais une autre volonté que celle qui lui livre aujourd'hui la puissance souveraine.

La négation de la souveraineté de Dieu sur les peuples et sur leurs chefs, c'est, pour tout catholique, la négation des droits de Dieu ; et de la négation de ces droits imprescriptibles à la lutte contre ces mêmes droits, la conséquence est inévitable. L'homme qui ne reconnaît plus la loi divine pour règle de son pouvoir sera infailliblement entraîné à des actes contraires à cette loi ; or, tant qu'il y aura dans le monde un chrétien fidèle, tout pouvoir transgresseur trouvera dans ce chrétien une résistance devant laquelle il faudra céder ou qu'il faudra vaincre par la persécution. Et combien n'y a-t-il pas en France de ces chrétiens ?

Ou le nouvel Empereur cessera de se rattacher à la Révolution, qui est son point de départ et dont il

____

(1) Message du Prince président au Sénat.

invoque les principes, ou bien il persécutera l'Eglise. Le milieu n'est pas possible et l'on ne tardera pas à le voir. Car il sera avec Dieu, c'est-à-dire soumis à Dieu, ou il sera contre Dieu.

Quelles garanties nous offre-t-il contre cette dernière conséquence? Est-ce la modération de son caractère? Déjà l'on nous annonce qu'il ne se contentera plus de l'obéissance cependant assez absolue et assez docile qu'il a rencontrée jusqu'ici ; désormais il ne devra plus y avoir « de dévouements incomplets, ni d'adhésions provisoires (1). » C'est-à-dire qu'il faudra bien aller aussi loin qu'il le voudra.

Seraient-ce les actes précédents de Louis-Napoléon qui nous répondraient suffisamment de ce que l'on en voudrait attendre? Parmi ces actes comptons avant tout le choix des hommes dont il s'entoure habituellement et de ceux qu'il a fait entrer dans la composition des grands corps institués par lui. Que l'on y cherche des chrétiens, des hommes de noble caractère et de doctrines fermes, on n'y trouvera que « ces dévouements complets » et aveugles qui bientôt seront partout exigés. Régner, c'est choisir, a-t-on dit avec juste raison.

Quant à certains actes dont la religion se loue, remarquons bien ceci : le premier Empereur avait rendu encore plus de services à l'Église; il y avait mis plus de volonté propre ; il avait eu à vaincre plus de résistances pour faire ce qu'il a fait. Et cependant où

(1) Discours du prince Jérôme, président du Sénat.

ne l'a pas conduit l'esprit révolutionnaire dont il était animé? Avouons donc que le langage que nous entendons aujourd'hui nous donne beaucoup plus lieu de craindre, que les actes dont nous avons été témoins ne nous fournissent de motifs d'espérer.

Serait-ce le langage précédemment tenu par Louis-Napoléon qui pourrait nous rassurer, et nous autoriserait à interpréter favorablement le langage tenu aujourd'hui par lui-même et par les différents organes de sa pensée? Serait-ce ce discours de Bordeaux, que l'on a tant admiré et où l'on va jusqu'à trouver une sorte de zèle pour « les préceptes du Christ? » Mais les apôtres de la démagogie et de la luxure, les disciples de Fourrier, ne parlaient-ils pas, eux aussi, et bien plus souvent, des préceptes du Christ et de sa morale? Ne s'emparaient-ils pas de ses propres paroles? Ne faisaient-ils pas allusion continuelle à ses mystères en se servant sans cesse des termes consacrés pour désigner les choses saintes? Quel avantage y a-t-il donc pour Bonaparte dans cette triste similitude avec ces abominables profanateurs? Est-ce que dans les derniers temps on n'invoquera pas plus que jamais le nom du Christ tout en lui faisant la guerre? C'est pour se faire des partisans et des adeptes que les imposteurs diront : « Le Christ est ici; le Christ est là. » Nous avons été avertis de ne pas croire à ceux qui ne savent nous parler que du Christ. Le Christ est dans l'Église : il ne faut pas le chercher ailleurs, et quiconque veut le règne du Christ n'a qu'une seule chose à faire : c'est de contribuer dans la mesure de ses forces à faire régner l'Église. Se donner pour disciple du Christ et pour continuateur de la Révolution, c'est une fourberie sacrilége, parce que la Révolution est essentiellement ennemie de l'Église, par conséquent ennemie de Jésus-Christ, ennemie de son règne ; c'est la négation de la personnalité divine en celui qui possède toute puissance dans le ciel et sur la terre.

La Révolution n'est autre chose que l'antichristianisme ; et le rapporteur du Sénat s'accorde d'une manière effrayante avec Proudhon, lorsqu'il vient nous dire que l'Empire « sera la Révolution sans les idées révolutionnaires. » Ce langage énigmatique et mystérieux, jusqu'à paraître absurde, n'a qu'un sens admissible : c'est que l'Empire sera le génie et le pouvoir révolutionnaire remis aux mains d'un seul homme ; ce sera l'unité de vues et de volontés mise à la place de ces volontés multiples, de ces vues incohérentes qui fractionnaient la puissance révolutionnaire et la réduisaient à des œuvres de destruction partielle ; ce sera la concentration aussi complète que possible de toutes les forces disciplinables que la Révolution a acquises depuis la chute du premier Empire.

Ne sera-ce pas la réalisation des vœux impies de Proudhon lorsqu'il avait naguères l'audace inouïe de conseiller publiquement à Louis Bonaparte de se présenter désormais à l'Europe et au monde comme « la personnification de la Révolution, de l'impiété révolutionnaire, comme l'Antechrist? » Quelle différence y a-t-il entre le langage de l'écrivain athée et les paroles du rapporteur du Sénat? L'homme que tous deux ont en vue serait intéressé à désavouer également l'un et l'autre; et, puisque l'on n'a pas désavoué le premier, on s'est ôté tout droit de dire qu'il est un fou depuis que le second a parlé.

Non, certes, cet homme n'est pas un fou; il est tout au plus un homme impatient. Le voile qui enveloppait les caractères des derniers temps s'est tout à coup déchiré sous les efforts de sa haine contre Dieu et contre le Christ; et ce voile déchiré a laissé voir à nos yeux ce que notre foi n'aurait pu ni entrevoir ni deviner, ce qui était inintelligible pour nous il y a encore quelques années. Les temps sont proches, il est vrai; du moins cette révélation soudaine en est un indice qui nous alarme aujourd'hui, pour nous épargner plus tard une trop grande frayeur. Mais les vœux de l'impie ne seront pas encore si prochainement satisfaits; le dernier ennemi du Christ n'est pas encore venu, car la puissance dont la Révolution dispose n'est pas assez grande pour triompher de tous les éléments de bien que renferme la société chrétienne. La Révolution sera vaincue encore une fois; celui qu'elle appelle déjà l'Antechrist n'en sera tout au plus que le dernier précurseur, et l'Église retrouvera bientôt une paix dont les consolations et les joies inonderont le cœur des fidèles et leur communiqueront la force nécessaire pour soutenir les derniers combats.

LE SECOND EMPIRE JUGÉ A SON DERNIER JOUR

24 septembre 1870,

Dès le jour où il a été proclamé, le second Empire
s'est annoncé comme la continuation du premier ; et
il l'a été en effet, encore bien qu'il ait prétendu substituer le règne de la paix à celui de la guerre.

Mais la guerre et la paix n'ont été en réalité, pour
l'un et pour l'autre, que des accidents et des caractères extérieurs. Ce qu'il y a de commun à tous deux,
ce qui constitue leur caractère propre et intime, c'est
qu'ils ont été la Révolution organisée, la Révolution
sous la forme monarchique, c'est-à-dire sous la forme
la plus parfaite que puissent recevoir les sociétés humaines, puisque c'est celle qui assure le mieux l'unité
de direction dans le gouvernement. « Je suis la Révolution, » disait le premier Empereur, pour rallier à
sa personne toutes les fractions et les tendances révolutionnaires, qui sont essentiellement ennemies de
toute autorité. « L'Empire sera l'ordre dans la Révolution, » dit au nom du second Empereur celui qui
est officiellement chargé de faire connaître la pensée

du nouveau règne (1). Aussi le second a-t-il raison de dire lui-même, en parlant du premier : « Son esprit m'anime, son ombre me protége. »

Il y a cependant une différence qu'il est bon de signaler tout de suite, et qui nous fera mieux saisir l'esprit et le caractère des actes du dernier règne. Dans l'origine, le premier Empire n'était point révolutionnaire; il a été plutôt une réaction contre la Révolution; le rétablissement du culte catholique et l'entente avec le Saint-Siége, de quelque manière qu'on veuille les interpréter pour en affaiblir le mérite, ne sont point du tout d'une politique révolutionnaire. Le premier Empereur ne s'est pas jeté systématiquement dans la Révolution; son éducation et ses idées ne l'y portaient pas; il y a été entraîné par son esprit d'orgueil et de domination, par la colère que lui causa la résistance de la Papauté à ses volontés immorales et injustes. Emporté et violent, ne voulant pas plus admettre d'opposition à ses plans que de limites à sa puissance, il finit par regarder l'Église comme son principal adversaire, et il devint en réalité l'homme de la Révolution; résumant alors en lui-même la plus grande force dont le génie du mal et la haine anti-chrétienne pût disposer contre l'Église, il était fondé à dire : « Je suis la Révolution, moi. »

C'est à cette période du premier Empire que se rattache Napoléon III; c'est l'esprit de cette époque qui a

____

(1) Rapport de M. Troplong au nom de la commission du Sénat.

présidé à son règne et qui l'a toujours animé ; c'est la
la haine à la Papauté, au véritable *Roi de Rome*, qui
lui a mis de bonne heure les armes contre le Saint-
Siége, et lui a fait subir avec son frère sa première
défaite dans les Romagnes. Tenace et inébranlable
dans ses résolutions, étranger à toute loi morale, rien
n'a jamais pu le faire changer d'idée. Comme un autre Annibal engagé par serment dès le bas âge dans
une lutte perpétuelle contre Rome, il s'est attaché
sans cesse à poursuivre l'œuvre commencée par son
oncle : la déchéance de la Papauté et la reconnaissance d'un Roi de Rome autre que le Pontife-Roi. La
campagne entreprise par lui dans sa première jeunesse et sa lettre à Edgard Ney pendant sa présidence,
montrent quelles étaient ses dispositions avant qu'il
arrivât à l'Empire ; les actes de son règne attestent
chez lui un système irrévocablement arrêté et persé-
véramment poursuivi.

Constatons donc cette première différence toute au
profit du premier Empereur, qui n'a pas été, lui, systématiquement hostile à la Papauté, et qui ne s'en
est fait l'ennemi que par entraînement ; tandis que
chez le second, cette hostilité a existé dès le principe,
et qu'elle s'est traduite par un système d'attaque ha-
bilement calculé, froidement mûri, et dans lequel
l'hypocrisie s'est substituée à la violence.

C'est ce caractère d'hypocrisie qui constitue la seconde différence entre les deux Empereurs, malgré
l'unité de but auquel ils marchaient. Doué de facultés
moins brillantes et arrivé au pouvoir par des voies

moins glorieuses, le second n'a pas tardé à reconnaître que l'emploi de la force pourrait lui réussir encore
moins qu'à son prédécesseur ; il s'est dit que pour obtenir mieux qu'un succès passager, il fallait, s'il était
possible, amener la Papauté à se détruire de ses propres mains en abdiquant, avec la puissance extérieure,
la garantie naturelle de son indépendance. De là sa
lettre à Edgar Ney. Ce moyen venant à échouer, il y
en avait un autre : c'était de se constituer en apparence le protecteur exclusif de la Papauté, afin de la
dominer et d'entraver sa liberté ; et en même temps
qu'on exciterait ses ennemis à envahir ses domaines,
à la dépouiller, à lui ôter tous moyens d'existence, on
lui retirerait tous ses appuis, on l'empêcherait de se
défendre, ou on ne lui accorderait que ce qu'il faudrait
pour ne pas démentir trop ouvertement le rôle de
protection que l'on trouvait bon de s'attribuer ; afin
qu'un jour l'institution venant à succomber, elle parût
s'affaisser d'elle-même, atteinte bien plus par la vétusté et l'impuissance que par la violence extérieure,
et que l'on pût dire à l'Europe avec une apparence de
bonne foi : L'institution qui vient de s'écrouler avait
fait son temps ; par respect pour nos vieilles traditions
et pour les services qu'elle avait rendus, nous avons
fait pour elle pendant bien des années tout ce qu'il
était possible de faire ; nous l'avons relevée et rétablie
par la force de nos armes ; nous nous sommes constitués ses gardiens et ses défenseurs ; en même temps
nous l'avons aidée de nos conseils, nous lui avons plus
d'une fois adressé nos remontrances ; tout a été inutile,

parce que le moment était venu, et qu'il n'y avait plus rien à y faire. C'est une institution vermoulue et qu'on ne peut plus songer à relever de nouveau. C'est à ceux qui croyaient en avoir besoin à chercher comment la remplacer.

Il n'y a pas d'autre interprétation possible à donner à cette entente si complète et si persistante entre Napoléon III et le gouvernement piémontais, devenu plus tard le gouvernement italien ; à ces entrevues de Plombières et de Chambéry avec Cavour et Cialdini ; à cette opposition mise d'abord au recrutement des zouaves pontificaux et à la levée du Denier de Saint-Pierre ; à toutes ces missions secrètes remplies jusqu'au dernier moment par le digne cousin de l'ex-Empereur ; enfin à tant de faits particuliers que nous ne pouvons pas même indiquer ici et qui ne tarderont sans doute pas à être livrés au public, comme une partie l'a déjà été par les curieux Mémoires du révolutionnaire Brofferio : *I miei tempi.*

On verra dans ces Mémoires comment et par qui la *question romaine* a été posée dès les premières années du second Empire (1856); la manière dont elle a été présentée indique assez que le plan avait été médité et mûri depuis longtemps. La suite du plan est facile à saisir. Pour arriver à renverser le trône pontifical, il fallait révolutionner légalement ou violemment les autres gouvernements italiens. Celui du Piémont seul s'était montré disposé à servir d'instrument à l'œuvre de subversion, et déjà il avait introduit la révolution dans ses États, lorsque les autres, à l'exemple du gou-

vernement pontifical, refusaient d'adopter les principes et les institutions révolutionnaires. Leur sort fut
décidé, et ils durent tomber les uns après les autres.
Le Piémont ne se trouvant pas assez fort pour lutter
seul avec l'Autriche, et les populations du royaume
lombard-vénitien n'étant pas disposées à se révolter,
il fut arrêté que la France se chargerait de l'exécution
des hautes œuvres italiennes, et nos troupes passèrent
les monts avec ce mot d'ordre : *l'Italie régénérée depuis
les Alpes jusqu'à l'Adriatique!* Insolent défi jeté au ciel
de la part d'un malheureux qui avait tant à régénérer
dans sa personne, dans son entourage et dans le vaste
empire abandonné par les décrets divins à sa puissance! C'était, constatons-le bien, puisqu'il y a encore
aujourd'hui d'honnêtes gens qui s'y trompent, la Révolution avec tout son cortége de crimes et d'impiétés
implantée en Italie sous le nom de *liberté* et d'*indépendance.*

On ne lutte pas contre Rome sans être, plus ou
moins sciemment, ennemi de l'Église, et les plus intelligents ennemis de la Papauté ne s'attaquent à elle
que dans le dessein de détruire l'Eglise elle-même.
Avec l'esprit révolutionnaire qui l'animait, l'ex-Empereur ne pouvait donc voir, dans le renversement de
la Papauté, qu'une partie de la tâche qu'il s'était donnée de constituer « l'ordre dans la Révolution, » partout
où pourrait s'étendre l'action de sa puissance.

Sans parler pour le moment de l'usage qu'il fit de
son influence au dehors, c'est-à-dire de l'impulsion
qu'il donna à sa politique étrangère, notons bien ce

rapprochement : c'est que la persécution de l'Église s'est étendue, sous son règne, simultanément à la personne du Souverain-Pontife, aux évêques et aux simples fidèles. Pour ce qui est du Chef des pasteurs, nous venons de le dire; mais pour ce qui est du corps épiscopal, on ne sait pas assez quelle a été la persistance de ses efforts pour l'avilir, pour y introduire d'indignes éléments et pour en faire un instrument de schisme et de révolte. Les détails ne nous manqueraient pas si nous pouvions les faire entrer dans notre cadre et si d'ailleurs le moment était opportun. Le résultat de ces efforts impies, tout incomplet qu'il soit, grâce à Dieu, a paru déjà assez grand pour faire désirer une révision des concordats et pour ramener à l'étude la terrible et fameuse question des investitures.

Quant à la persécution des simples fidèles, l'homme ennemi a été assez habile pour la masquer si bien que l'on s'étonne peut-être de nous la voir signaler et la dénoncer à la conscience des chrétiens. Et comment donc qualifier autrement cette défaveur si marquée qui pesait, dans toutes les carrières, sur tout ce qui était honnête et religieux, défaveur qui s'est manifestée parfois sous forme d'exclusion la plus révoltante? Comment qualifier d'autre part la préférence si ouvertement et si généralement accordée à tout ce qui pouvait se recommander du titre de protestant, de juif ou de franc-maçon? Et tous ces encouragements donnés à la presse impie sous forme de pensions, de décorations, de fonctions publiques, depuis les plus humbles jusqu'aux plus hautes, tandis que l'on cherchait à étouffer ou à diviser la presse catholique? Comment justifier ou simplement expliquer ces faveurs scandaleusement prodiguées à des écrivains athées, notoirement ennemis du Christ et de son vicaire, tels que les Renan, les About, les Paradol, les Sainte-Beuve? Et cette reconnaissance officielle d'une société anathématisée par l'Église, tandis que l'on supprimait la société de Saint-Vincent-de-Paul? Comment ne pas appeler persécution un tel système inauguré dès le tmeps de la Présidence et suivi d'une manière progressive pendant toute la durée de l'Empire? Si la saine politique, si l'art de gouverner est en réalité de faire en sorte que les hommes trouvent leur intérêt à faire le bien, comment qualifier une politique qui a tout mis en œuvre pour que les hommes trouvassent leur intérêt à faire le mal, à s'insurger contre le Christ et contre l'Église? Faire servir ainsi l'institution divine du pouvoir à procurer le mal au lieu du bien, n'est-ce pas la subversion la plus complète et la plus sacrilége? Et savoir cependant cacher le caractère de la persécution à laquelle on se livre contre le Christ et ceux qui le suivent, c'est bien là «l'ordre dans la Révovolution, » tel qu'on nous l'avait annoncé au premier jour de l'Empire.

En face d'une habileté si profonde apportée à l'œuvre antichrétienne, il est bien permis de se demander si le luxe effréné et corrupteur dont nous avons été témoins n'a pas fait partie d'un plan de *démoralisation* pour arriver à la *déchristianisation*. Nous ne forgeons pas de mots ici, qu'on le remarque bien ; nous ne faisons qu'employer ceux qui ont été inventés pour exprimer un système arrêté. La première Révolution avait pour mot d'ordre : *Démonarchiser pour déchristianiser ;* celle d'aujourd'hui n'a pas eu la franchise de nous livrer publiquement le sien ; mais elle a pour principe très-largement pratiqué en France et en Italie : *Démoraliser pour déchristianiser.* Or, entre les moyens de démoralisation, le luxe était un des plus puissants et des plus actifs que le génie anti-social ait pu mettre en œuvre. Tout le monde en a vu les excès et en a déploré les folies ; mais ce que l'on ne sait pas et ce que l'on ne saura jamais, et à quoi l'on ne songe peut-être même pas, c'est le nombre des familles qu'il a ruinées, des hauts fonctionnaires, généraux, conseillers d'Etat, sénateurs, etc., qu'il a réduits à recourir à la triste ressource du mont-de-piété, des femmes honnêtes qu'il a rendues infidèles, des coffres publics qu'il a vidés, des charges qu'il a rendues vénales, des administrateurs et gouvernants qu'il a rendus accessibles à la corruption. Nous n'avons pas à énumérer les résultats de ce luxe effroyable ; mais si l'on veut remarquer combien de mariages il a rendus difficiles ou impossibles, nous recommanderons ici une autre observation : c'est que cette première cause, se combinant avec la défaveur qui frappait les hommes religieux dans toutes les carrières et mettait un grave obstacle à ce qu'ils pussent se marier de bonne heure selon leur condition, il s'en suivait naturellement que la diminution de la population portait spécialement sur les familles les plus honnêtes. Que de générations chrétiennes ont été étouffées ainsi dans leur germe par l'action combinée de ces deux causes ! Notons enfin parmi les moyens de démoralisation employés pour pervertir toutes les classes, la multiplicité des cabarets et des mauvais lieux, que l'on a fait marcher de pair, comme cela est juste, avec la multiplication des temples protestants à une époque où le protestantisme en est venu à rejeter la divinité du Christ. Toujours et partout guerre au Christ, à ses enseignements et à sa morale !

Y aurait-il charité à dire avec bien des gens que tout cela n'a pas pu entrer dans le plan de l'ex-gouvernement impérial, et que c'est supposer à un homme un machiavélisme plus vaste et plus intelligent que ne le comporte une tête humaine ? Nous laisserons penser là-dessus ce que l'on voudra ; mais nous n'admettrons pas pour arbitres dans une pareille question les bonnes gens dont la préoccupation se porte avant tout sur la tranquillité et le bien-être du jour et du lendemain. Ceux-là ne comprendront jamais les profondeurs du génie du mal (1) pas plus que les immenses sollicitudes du zèle pour le bien. Pour les autres, nous leur dirons que plus un homme a d'intelligence et de volonté, plus il donne droit de croire que ce qu'il fait, il le fait sciemment et volontairement, et que l'ensemble de ses actes n'est que le résultat de l'ensemble de ses vues. Au reste, qui veut

____

(1) *Qui non oynoverunt altitudines Satanæ.* (Apoc., 2, 24.)

la cause veut les conséquences. Le second Empire a voulu, cela est certain, cela est évident, la guerre à la Papauté, la guerre à l'Église, la guerre au Christ, la guerre aux chrétiens, désignés aujourd'hui sous le nom de parti clérical, c'est-à-dire la guerre aux honnêtes gens. Voulant le but, il en a voulu les conséquences ; ce n'est certes pas l'intelligence qui lui a manqué pour les entrevoir dès le premier abord, et comme l'expérience qu'il a eue sous les yeux ne l'a point fait changer de volonté, on est en droit de dire qu'il est l'auteur volontaire de tout ce que nous voyons et que nous avons à subir.

—

Cette guerre contre la Prusse, qui a amené sur la France des désastres et des humiliations qu'elle n'avait jamais connus, n'a été, comme notre campagne d'Italie, que la conséquence de la guerre déclarée à l'Eglise par Napoléon III, dès le moment où se préparait son règne. A peine arrivé à l'Empire il avait pu connaître les dispositions du jeune souverain qui régnait sur l'Autriche ; il l'avait vu conclure, malgré l'opposition qu'il trouvait autour de lui, un concordat conforme aux vœux et aux besoins de l'Eglise ; il connaissait le désir de François-Joseph de s'entendre avec lui et d'unir sa politique à la sienne pour combattre la Révolution à l'intérieur de leurs Etats comme au dehors, politique intelligente et féconde qui eût assuré la prépondérance des deux grands Empires catholiques dans

le monde et eût fait d'eux les arbitres obligés de la
paix et de la guerre en Europe en les élevant à la
plus haute prospérité. Napoléon avait eu à recevoir
à cet égard des ouvertures et des propositions qu'il
avait repoussées. Décidé à servir la Révolution bien
loin de la combattre, il vit dès lors dans l'empereur
d'Autriche un adversaire avec lequel il n'y aurait jamais à s'entendre, et dans son Empire un obstacle
qu'il lui faudrait briser. Tout fut donc employé pour
neutraliser les dispositions catholiques du jeune souverain, pour diviser sa famille, pour l'isoler, lui ôter
tout appui à l'intérieur et au dehors, pour le décou-
rager et le réduire à laisser faire à la Révolution tout ce
qu'elle voudrait dans ses Etats. Mais ce n'était pas
assez. Comme le catholicisme a profondément péné-
tré la masse des populations autrichiennes, il fallait
prévenir le danger de voir se relever d'un moment à
l'autre un puissant Empire catholique dont la protection couvrirait l'Eglise, comme on avait été sur le
point de le voir avec le prince de Schwartzemberg au
lendemain des bouleversements de 1848. Il fallait
donc travailler au démembrement de l'Empire, et
c'est ainsi qu'on le livra d'une part aux convoitises de
la Révolution italienne, aidée de nos armes et de notre
diplomatie, de l'autre à l'ambition de l'illuminisme
prussien, continuateur de l'œuvre du protestantisme
en Allemagne. Tel est le chef-d'œuvre de la politique
antichrétienne du second Empire, politique convaincue aujourd'hui de démence et de stupidité, politique
sourde à toutes les représentations qui lui criaient

depuis longtemps qu'il était insensé de créer à nos portes deux puissances qui seraient un péril imminent pour nous.

Le péril qu'avaient entrevu tous ceux que n'aveuglait pas la haine contre l'Eglise a cessé d'être une simple menace; il est devenu une catastrophe, et la plus grande de celles que jamais la France ait subies. Toutes les prévisions à cet égard ont été dépassées. On s'était bien dit depuis plus de trente ans que la Révolution finirait par livrer encore une fois le sol de la France à l'étranger; mais on voyait apparaître une nouvelle coalition, et l'on n'aurait jamais supposé que la France pût être vaincue, humiliée et envahie par une seule puissance, et surtout par la puissance prussienne. C'est que l'on n'avait pas prévu qu'il y aurait jamais en France une politique assez inepte pour aider la Prusse à devenir un colosse de fer contre lequel nous nous briserions après avoir détruit la force qui l'empêchait de grandir. Grâce à cette politique, nous avons aujourd'hui des centaines de mille de nos soldats qui sont entrés en Prusse, non pour y dicter la loi, mais pour y manger le pain de la captivité. Quant à l'homme qui se disait le continuateur de Napoléon Ier, il a rendu piteusement son épée, ayant encore plus de quatre-vingt mille braves autour de lui, et nous a livrés à la dérision d'un peuple dont le seul nom était pour nous un terme de mépris.

Voilà ce que nous devons au successeur de Napoléon Ier : une nouvelle et plus longue persécution contre l'Eglise; une nouvelle occupation de Rome par

les ennemis de la Papauté; une nouvelle occupation
de la France par l'étranger.

Que tout ce qui est Français, que tout ce qui est
chrétien veuille bien retenir ces trois points si jamais
le nom de Napoléon se représentait encore une fois
dans l'avenir : le troisième qui viendrait à exercer la
puissance pourrait bien être le dernier des ennemis de
l'Église, le grand adversaire du Christ, destiné à tomber d'une manière encore plus honteuse que celui-ci.

Et voilà aussi comment les nations se sauvent quand
elles prétendent se sauver elles-mêmes, quand elles
confient leurs destinées à des institutions qu'elles
acclament ou à des hommes qu'elles ont choisis. Un
peuple est bien l'auteur de sa propre ruine et de sa
perte; il ne peut l'imputer qu'à lui-même : *Perditio
ex te, Israël;* mais le salut vient de Dieu par ceux qu'il
envoie : *Salus autem a Domino,* et le caractère de la
mission qu'il donne, ce n'est pas l'intrigue, l'ambition,
le vice et la révolte. La société, comme l'individu, n'a
pas l'initiative de son retour dans les voies de l'ordre;
elle ne fait qu'en accepter les conditions quand elles
lui sont offertes par l'homme que les circonstances
font surgir, qui apparaît pur de tout reproche, et qui
vient visiblement comme l'envoyé de Celui « qui frappe
et qui guérit, » et non comme le délégué d'une multitude qui n'a aucun pouvoir. Bénie alors est la nation

qui le suit et qui l'acclame au nom du Seigneur : *Benedictus qui venit in nomine Domini!*

Tel n'a pas été le caractère de la mission de Napoléon III, et la France vaincue, envahie, ruinée et humiliée, recueille aujourd'hui le juste prix des suffrages qu'elle lui a deux fois donnés. La peur, qui est bien parfois aussi en politique le commencement de la sagesse, avait fait proclamer en 1848 ces grands principes: *Religion, famille, propriété ;* et voilà qu'aussitôt, obéissant au même sentiment de la peur, on se jette aux bras d'un aventurier sans moralité, qui avait pris soin de se faire connaître à Rome, à Strasbourg et à Boulogne pour ce qu'il était. C'est là le sauveur que la France se donne, et c'est lui qu'elle investit du devoir de protéger la *Religion,* de faire respecter les mœurs, sauvegarde de la *famille,* et de défendre le droit de *propriété* contre les voleurs, les spoliateurs et les envahisseurs ! Quelle dérision !

Que du moins la France, quand elle sera encore une fois sauvée, n'oublie jamais à quel degré d'abaissement, d'humiliation et de misère descendent les nations assez dépourvues de sens moral et religieux pour s'abandonner à des chefs sans foi et sans mœurs !

P. S. Depuis quelques jours, de singuliers soupçons s'élèvent, et l'on voit tant de choses inexplicables, que l'on ne sait à quelles pensées l'on doit s'arrêter. Déjà cette capitulation de Sedan, qui livrait une armée de plus de 80,000 Français à l'ennemi, était quelque chose de tellement monstrueux, qu'il était impos-

sible de ne pas laisser échapper ce cri : Nous sommes
trahis! Et l'on disait que s'il n'y avait pas trahison
formelle et calculée, c'était du moins trahir la France
et l'honneur français que d'infliger à notre armée une
pareille humiliation à la face du monde entier. On
remarquait cependant avec inquiétude que le signa-
taire de cette capitulation n'aurait pas dû, suivant les
réglements militaires, avoir le commandement de
l'armée à la place du maréchal Mac-Mahon, blessé et
forcé de se retirer. Wimpfen était le dernier arrivé
des généraux commandant des corps d'armée; il n'é-
tait point connu par ses succès militaires, et sa dernière campagne du Maroc lui avait fait très-peu d'honneur; avant cela même il était regardé comme « un
homme peu honorable; » c'est ainsi que je l'avais entendu qualifier dans le meilleur monde militaire. L'ex-
Empereur avait sans doute ses raisons pour faire un
tel choix, et nous voyons, par les documents secrets
publiés ces jours derniers, que le ministre Palikao,
fort compromis lui-même dans tous ces derniers événements, s'empressait d'annoncer que ce personnage,
sans doute nécessaire, allait arriver d'Afrique au moment voulu ; et le ministre lui-même l'avait désigné
d'avance comme devant au besoin remplacer le maréchal Mac-Mahon. C'est ainsi que l'on a vu écarter le
général Ducrot qui, lui, était regardé comme un de
nos meilleurs généraux, et qui n'a eu le commandement en chef que peu d'heures dans la matinée.

Les divers renseignements qui arrivent amènent
d'autres remarques. Ainsi l'on observe que les géné-

raux en faveur dans les derniers temps se sont conduits d'une manière que l'incapacité seule ne saurait
expliquer. Que de plaintes se sont élevées dans les
différents corps d'armée contre ces marches et con-
tre-marches, ces allées et ces venues dont personne
ne pouvait deviner le but et le motif, et qui ne pouvaient que fatiguer, épuiser et mécontenter des
troupes déjà peu confiantes dans leurs chefs, et très-
disposées à les critiquer. Et le manque de vivres qui
a réduit les soldats à marcher des journées entières
et à se battre en n'ayant pour se soutenir que du pain
et de l'eau? Et le manque de munitions qui les a obligés plus d'une fois à cesser le feu et à revenir sur
leurs pas? Il semblerait qu'un mot d'ordre eût été
donné d'employer tous les moyens pour affaiblir, ex-
ténuer et détruire notre armée et répondre ainsi aux
désirs de la Révolution, qui ne cesse depuis des années
de demander la dissolution des armées permanentes.

La publicité donnée ces jours derniers à une lettre
intime écrite par le général Ducrot en septembre 1866
et trouvée en copie dans les papiers de l'ex-Empereur,
n'est pas précisément une lumière répandue sur la situation; elle fait bien deviner pourquoi l'on n'a pas
voulu que cet honnête et loyal militaire eût le commandement en chef au moment où l'on se préparait à
commettre la plus insigne lâcheté, si ce n'est à consommer la plus odieuse trahison; mais elle accuse, de
la part du gouvernement impérial, une singulière obstination à ne pas vouloir se préoccuper des armements
de la Prusse, ni du soin qu'elle mettait dès lors à se

procurer des espions et des partisans dans notre pays. Une telle obstination peut difficilement s'appeler de l'incurie, et elle prend, par tout ce qui a suivi, le caractère de la complicité. Enfin, cette lettre nous révèle un fait facile à constater : c'est que les protestants français, que l'on a si bien favorisés, sont généralement amis de la Prusse protestante plus que de la France catholique.

Enfin, une chose curieuse à éclaircir serait de savoir jusqu'à quel point les Prussiens étaient fondés à dire à nos soldats, comme ils l'ont fait après la bataille de Sédan, qu'ils savaient depuis huit jours que ce serait à peu près là qu'ils les feraient prisonniers.

Cette multitude d'indices et de raisons qui se réunissent forment dans leur ensemble une présomption accablante que l'on voudrait écarter parce qu'elle ferait supposer un fait monstrueux et en dehors de toute vraisemblance. L'esprit se refuse à admettre qu'un homme joue un pareil rôle qui, le livrant au mépris et à l'exécration publique, dépasse tout ce que l'on connaît en fait de bassesse et de scélératesse ; et cela sans aucun intérêt que l'on puisse apercevoir. Notre siècle amolli, qui redoute et rejette tout ce qui a l'apparence d'exagération, ne saurait croire que notre civilisation si avancée puisse enfanter des monstres inconnus jusqu'ici.

Sans vouloir établir et affirmer quoi que ce soit au sujet des reproches de trahison que l'on articule, il est cependant à propos d'écarter quelques-unes des raisons qui empêcheraient de l'admettre.

L'intérêt de l'homme qui joue un rôle n'est pas toujours aperçu par tout le monde, ni même par les plus clairvoyants ; il est souvent facile de s'y tromper. Quand l'homme ne s'appartient plus et qu'il court la chance certaine d'être assassiné s'il ne fait ce qu'on exige de lui, et si avec cela il est tombé moralement assez bas pour redouter la mort par-dessus tout, il verra son intérêt où personne ne le suppose, et il fera, pour échapper à la mort, des actes qui paraîtront inexplicables et insensés ; il sacrifiera ce qu'il peut avoir d'honneur, de fortune, à ce qui est pour lui l'intérêt suprême, c'est-à-dire la conservation de la vie.

N'est-ce pas là ce à quoi l'on s'engage dans les sociétés secrètes et où l'on peut être conduit par ses engagements ? Et la Révolution n'est-elle pas l'œuvre des sociétés secrètes ? Et Napoléon III, qui était l'homme de la Révolution, beaucoup plus encore que son oncle, qui cependant pouvait dire : « Je suis la Révolution, moi ; » Napoléon III, qui avait été porté au pouvoir suprême par la Révolution, avec charge de faire l'œuvre révolutionnaire, n'a-t-il pas été peut-être condamné à s'effacer momentanément et à sacrifier son intérêt propre à celui de la Révolution ?

Nous posons ici une question ; nous n'affirmons pas, mais on reconnaîtra qu'il y a bien moins de raisons pour nier que pour affirmer.

La vraisemblance sera pour l'affirmative si l'on considère quel est l'intérêt de la Révolution, quel en est l'esprit, quelles sont les dispositions du parti révolutionnaire à l'égard de Napoléon III.

La Révolution n'est pas française, elle n'est pas européenne ; elle est cosmopolite, elle professe le dogme de la fraternité des peuples et tend à les réunir tous dans l'unité maçonnique ; elle est la parodie de l'Évangile, qui ne fait acception de personnes, ni de Grecs, ni de Barbares. L'objectif de ses efforts, c'est l'Église catholique, qu'elle combat comme le grand et le principal obstacle à l'exécution de ses plans, si toutefois elle a d'autre plan que celui de la destruction ; au fond, elle n'en peut pas avoir, mais il lui importe d'en présenter un, parce qu'autrement elle ne rallierait personne, le néant et le vide n'ayant pas la vertu d'attirer.

Comme nous avons vu Napoléon III, l'homme de la Révolution, s'attaquer à l'Autriche, lui faire la guerre et lui susciter des ennemis au sud et au nord parce qu'il ne pouvait espérer la détacher entièrement de l'Église et en faire à tout jamais un instrument de guerre au catholicisme, de même la Révolution, devenue plus puissante, a résolu de nos jours de s'attaquer plus directement à la France, qu'elle considère comme le principal soutien et le dernier boulevard du catholicisme dans le monde. L'homme qu'elle avait porté sur le pavois lui a servi à préparer son œuvre ; il a sapé le trône pontifical ; il a persécuté, opprimé, étouffé l'Église en France et à l'étranger ; il a fait plus : il l'a souillée en lui imposant d'indignes ministres et en corrompant ceux qu'il a trouvés accessibles à la corruption ; mais cet homme s'est occupé trop de lui-même et de ses plaisirs ; il a marché trop lentement dans les voies de la Révolution ; il a fallu l'y pousser ; il l'a même compromise par le mépris, l'odieux et l'infamie qu'il a appelés sur sa personne ; il n'est que trop juste qu'il serve la Révolution à ses dépens et qu'il achète son pardon en lui rendant un dernier service : c'est d'user du pouvoir qu'on lui laisse, pour livrer la France à la puissance la plus intimement alliée à la Révolution et aux sociétés secrètes, la plus engagée par son origine et l'iniquité de ses accroissements à faire la guerre au catholicisme partout où elle dominera. Napoléon III devra donc être le bouc émissaire de la Révolution ; il la sauvera de l'infamie d'avoir livré la France, en prenant sur lui la responsabilité d'une capitulation déshonorante ; et la Révolution pourra ainsi se présenter à la France avec la prétention de la sauver, mais en réalité pour la gouverner selon ses principes, lui imposer un régime plus dégagé de toute superstition chrétienne que ne l'est le régime prussien, et faire en un mot la guerre à l'Église et au Christ plus ouvertement que l'Empire ne pouvait la faire. Ainsi s'expliquerait à la fois l'intérêt de la Révolution, la conduite de Napoléon III et la sympathie que continue à lui témoigner la Prusse, qui tient tout de lui et qui n'a rien à attendre de la Révolution démocratique, ennemie acharnée de toute monarchie.

Voilà, dis-je, une explication dont on peut très bien se contenter quand on veut absolument voir dans quel intérêt agit un homme ou un parti. Mais c'est une erreur de s'imaginer que les partis et les hommes sont toujours dominés par quelque intérêt dans leurs actes et dans la conduite de leurs affaires. Cela n'est vrai que pour les esprits médiocres et les caractères faibles, qui glissent facilement dans l'égoïsme. Quant aux âmes naturellement ardentes qui se passionnent aisément pour le bien ou pour le mal, c'est tout autre chose ; et comme ce sont toujours celles-là qui dominent les partis, ce sont aussi celles-là qu'il importe de connaître pour comprendre ce qui se passe. Tout homme, généralement parlant, commence à s'attacher au parti du bien ou à celui du mal par intérêt, d'ordinaire par la crainte et pour échapper aux conséquences fâcheuses qu'il entrevoit, et ensuite par la perspective des avantages qu'il lui est permis d'espérer dans un temps plus ou moins éloigné. Mais à la longue, et par suite de l'habitude que l'on a de rattacher son intérêt à celui du bien ou à celui du mal, on finit par perdre de vue son propre intérêt pour ne plus penser qu'à celui de la cause que l'on défend ; c'est ainsi que les justes arrivent à faire le bien d'une manière parfaite sans même penser à la récompense qui les attend, et que leurs ennemis en viennent quelquefois à faire le mal pour le mal, uniquement par haine du bien, et contrairement à leur propre intérêt. Au reste, toute passion finit par aveugler, qu'on ne l'oublie pas, et il n'est pas donné à l'homme d'être toujours sage et habile dans la poursuite d'un but mauvais. Les plus éminents des esprits, arrivés à un certain degré de malice, tombent et se perdent frappés de cécité et de folie. Il me semble plus naturel d'expliquer ainsi les derniers actes de Napoléon III et la stupidité de sa politique à l'égard de l'Italie, de l'Autriche et de la Prusse. Les entraînements de sa haine contre la Papauté et le catholicisme l'ont empêché de voir ce que tout le monde voyait : la force de cette puissance protestante qu'il agrandissait lui-même et contre laquelle il allait se briser.

Du reste et pour expliquer encore l'espérance qu'il paraît nourrir d'avoir, lui aussi, son retour de l'île d'Elbe, je dois consigner ici une chose assez singulière et dont je suis parfaitement certain.

Un an avant la proclamation de l'Empire, dans l'automne de 1851, un homme habitué à étudier et suivre la marche de la Révolution, voyant le Président de la république s'acheminer vers le pouvoir suprême, entrevoyait déjà que sa politique pourrait le conduire à faire sciemment et volontairement envahir la France par l'étranger. Je ne puis me rappeler les raisons qu'il en donnait, quoique je fusse présent à une conversation qui se faisait chemin faisant et que je ne perdisse pas une seule de ses paroles. Je sais seulement qu'il s'agissait, non des Prussiens, qui ne comptaient pas alors, mais des Russes, qui apparaissaient bien plutôt comme l'épée suspendue sur l'Europe (1).

____

(1) Le journal le *Nord* a reproduit au mois d'avril dernier, d'après les archives russes, un curieux récit fait par un ancien diplomate russe M. Dargdof, au sujet de l'alliance que Louis-Napoléon, devenu empereur voulait contracter avec l'empereur Nicolas avant même d'avoir été reconnu par la Russie.

Dans une conversation avec M. de Kisselef, l'ex-Empereur,

Ces prévisions, appuyées, je crois, sur de tout autres données que celles que je viens d'indiquer, ne jetteront peut-être pas encore une grande lumière sur cette politique ténébreuse qui nous a conduits aux abîmes ; mais elles feront voir ce que l'on pouvait dès lors attendre de l'homme sinistre dont le nom est à jamais lié aux plus grandes tribulations qui aient affligé la France et l'Église.

Quoi qu'il en soit, que la France ait été livrée à une puissance ennemie de sa foi par la politique machiavélique de son chef, ou qu'il faille admettre ce que dit un correspondant de la *Presse*, que la question réellement engagée à notre époque est celle de la supériorité du protestantisme sur le catholicisme, toujours est-il

lui disait : « En montant sur le trône, j'ai dû prendre un règne quelconque pour modèle et agir en conséquence. Il eût été plus naturel de me conformer aux idées de mon oncle, mais les temps sont autres, et ce règne contient trop de fautes qui étaient la conséquence du système. Savez-vous qui j'ai choisi pour mon héros? Votre Empereur. Oui, M. de Kisselef, l'empereur Nicolas ! Voilà un vrai type d'empereur moderne. Honnête, puissant, noble, maître des destinées de l'Europe, en vertu de sa force morale. C'est lui que j'ai choisi pour modèle et que je désire imiter. Je vous avoue que depuis longtemps déjà je me suis senti de l'admiration et de la sympathie involontaire pour le souverain qui repousse aujourd'hui ma main plébéienne et à qui je l'offre non-seulement comme à mon frère, mais comme à un héros que j'ai pris pour modèle. Vous voyez que je vous parle non en empereur, mais en homme qui vous ouvre son cœur, et je le fais non pour vous, M. de Kisselef, mais afin de transmettre franchement mes pensées et mes sentiments à votre empereur. L'Angleterre m'obsède de ses offres d'alliance, mais l'alliance avec la Grande-Bretagne me que la France n'est aujourd'hui trahie, attaquée, éprouvée et humiliée que parce qu'elle est la principale puissance catholique; et ce témoignage, qu'il lui est permis de se rendre, autorise pour elle les plus magnifiques espérances. Sa cause est évidemment celle de l'Église, avec laquelle elle souffre en ce moment; les déchirements qu'elle subit, les sacrifices qu'elle fait, le sang de ses soldats, les tristesses et les douleurs de la multitude de ses enfants exilés, ne seront pas seulement le rachat de ses fautes, elle peut y voir dès aujourd'hui les gages d'un plus glorieux avenir et la préparation à un plus grand rôle comme principal instrument du plus grand triomphe que l'Église ait jamais obtenu.

répugne, car si je la concluais, je verrais partout l'ombre irritée de mon oncle; aussi personne ne pourra me contraindre à faire cette alliance, si ce n'est votre empereur. Je lui offre honnêtement et sincèrement une alliance cordiale et politique: le monde sera alors à nous; l'Angleterre ne sera plus. Mais pour cela il me faut une alliance à la vie et à la mort. Je désire qu'il me tende fraternellement la main et les destinées du monde changeront. Mais si je ne trouve pas l'alliance de la Russie, je me jetterai, le cœur serré, dans les bras de l'Angleterre, car il me faut une alliance..... » (*Monde*, 21 avril.)

Et pourquoi pas l'alliance de l'Autriche, qui était la plus naturelle, qui s'offrait d'elle-même à lui, que toute la presse catholique lui recommandait, et qui lui ouvrait au moins autant de perspectives de prépondérance en Europe? Quelles raisons obligeaient donc le révolutionnaire couronné de se jeter entre les bras de lord Palmerston après avoir essayé en vain de s'entendre avec le plus violent persécuteur du catholicisme?

LES DEUX EMPIRES

Pour juger sainement des choses, il faut les voir comme Dieu les voit, et c'est pourquoi l'on peut dire que les chrétiens sont les seuls hommes intelligents dans le monde; il leur est permis de n'avoir que du dédain pour ceux qui rejettent les données et les enseignements de la foi, parce que les jugements que l'on porte contrairement à cette règle sont faux (1).

Le premier Empire a fait illusion à bien du monde. On s'est laissé éblouir par l'éclat des victoires, par l'étendue des conquêtes, par le talent militaire de l'homme; et cet homme a été appelé *grand;* et la multitude des voix qui se sont élevées pour acclamer le *grand homme* et publier sa gloire a eu autant de retentissement que le bruit de ses batailles; les oreilles en ont été assourdies, et les plus honnêtes gens n'ont pas su tenir d'autre langage que celui qui leur était dicté par l'opinion.

Mais ce n'est ni l'opinion publique ni l'apparence extérieure des choses, ce n'est ni le bruit des voix ni la fascination des yeux qui doivent régler nos jugements et former ce que l'on appelle aujourd'hui nos *convictions*. Les Français surtout ont grand besoin d'être

(1) *Sprevisti omnes discedentes a judiciis tuis, quia injusta cogitatio eorum.* (Ps. 118).

prémunis contre ces deux sources d'erreurs, et il serait bon de leur rappeler souvent cette parole : *Non secundum visionem oculorum judicabit, neque secundum auditum aurium arguet* (1).

L'Église a jugé le premier Empire autrement que l'opinion publique, et elle en a indiqué le véritable caractère en instituant une fête pour remercier le ciel du grand événement qui en avait marqué la fin. Qu'on lise l'office de Notre-Dame-Auxiliatrice, rédigé par ordre de Pie VII, de retour dans ses États, on y trouvera ceci : « C'est que l'Empire a été l'époque d'une persécution inouïe jusques-là, » en ce que jamais l'Église n'a été aussi longtemps privée de la direction de son chef, par suite de la captivité du Souverain-Pontife et de « l'occupation de Rome par les impies. »

Voilà le véritable caractère du premier Empire. Des chrétiens ne peuvent pas y voir autre chose; car le fait capital et dominant, c'est la persécution de l'Église; vouloir s'attacher aux côtés accessoires et secondaires, c'est prendre la partie pour le tout, c'est prendre dans un tableau les ombres pour les figures principales.

Le second Empire n'a été que la reproduction du premier, moins l'illusion. Grâce à Dieu, le prestige, cette fois, n'existe pas, et le trop juste mépris qui s'attache au nom de Napoléon III ne sera pas une cause d'erreur comme la fausse gloire qui entourait le nom de Napoléon Ier. On peut ici s'en rapporter au témoi-

____

(1) Isai., II, 3.

gnage des yeux et des oreilles, en observant seulement que tout ce qu'on a pu voir et entendre laisse
encore à l'homme plus de valeur que la réflexion ne
peut lui en accorder. Le second Empire a été, comme
le premier, la persécution de l'Église, persécution cette
fois dissimulée sous le voile de l'hypocrisie, au lieu de
s'exercer par des actes de violence ouverte.

Mais pour être moins apparente, la persécution n'en
a pas moins été réelle, moins efficace, et surtout moins
étendue, car elle s'est exercée tout à la fois contre les
dogmes, contre la morale et contre les institutions de
l'Église : contre les dogmes, 1° par les encouragements
et la protection accordés aux athées et aux ennemis
de la divinité de Jésus-Christ; 2° par l'opposition préparée et soutenue jusqu'au sein du Concile, pour empêcher la proclamation du dogme de l'infaillibilité pontificale contre la morale, par l'appui donné à la presse licencieuse et au dévergondage du théâtre, par le scandale des mœurs de la cour; contre la constitution
même de l'Église et ses institutions, par les efforts faits
pour saper le trône pontifical, par les ennemis qu'on
lui a suscités, par l'état d'apauvrissement où on l'a
réduit, par la chute inévitable qu'on lui a préparée,
par les entraves que l'on a mises à la liberté d'action
du Saint-Siége, par les violences qu'on lui a faites
pour lui imposer d'indignes ministres, par les mesures
que l'on a prises pour rendre un schisme possible.
Certes, un tel ensemble de faits ne peut s'expliquer
par l'irréflexion, par l'insouciance, par ces sortes
d'entraînements que l'on rencontre parfois chez des

gouvernements au fond très-catholiques, mais qui su-
bissent l'influence de malheureuses traditions et de
maximes erronées ; impossible d'y voir autre chose
que le parti pris et le système arrêté d'user de tous les
moyens que donne la puissance souveraine pour étouffer, effacer et détruire sans éclat et sans bruit toute
action du christianisme sur la terre.

Nous pouvons donc dire :

Deux fois dans ce siècle, le grand ennemi du Christ,
le premier et le chef de tous les révoltés, a soulevé
contre l'Église des tempêtes qui ont semblé engloutir
la barque de Pierre ; et pour que l'Église ne trouvât
plus sur la terre aucun point d'appui, aucun secours
humain, deux fois le même ennemi s'est efforcé de
perdre et d'anéantir la nation très-chrétienne, la
grande propagatrice de l'Évangile, la fidèle protectrice du Saint-Siége. A chacune des deux fois, il a fait
sortir des révolutions qu'il avait lui-même suscitées
un homme animé de son esprit, qui, trompant les
peuples et leur promettant l'ordre, auquel tout être
aspire involontairement, est parvenu à s'emparer du
pouvoir suprême. Chacun de ces deux hommes a recu
du « Prince de ce monde » une puissance qui est rarement donnée aux rois de la terre. L'un a pu disposer
de la plupart des trônes de l'Europe, et il les a donnés
à tous les membres de sa famille ; l'autre a promené
ses armes victorieuses dans les deux mondes, depuis
l'extrême Orient jusqu'au Mexique, et il a vu ses troupes
occuper à la fois Rome, Athènes, la Syrie, Constanti-
nople et Pékin. Or, cette puissance s'est tournée cha-

3.

que fois contre l'Église catholique; elle s'est attaquée
au Saint-Siége, qui en est la base fondamentale, et
deux fois le Pontife romain a été dépouillé de ses États;
deux fois il s'est vu prisonnier de ceux qui l'avaient
dépossédé, deux fois il a été privé de la liberté de son
action comme Pasteur universel.

Mais l'ennemi de Jésus-Christ et de son Église a de
trop bonnes raisons pour regarder un tel triomphe
comme éphémère et incomplet. Pour le consolider,
l'étendre et lui donner plus de chances de durée, il
faut combattre et annihiler les forces extérieures qui
le menacent; et comme Dieu se sert de moyens hu-
mains pour relever et exalter son Église, il ne faut
pas laisser debout et prêts à l'action des moyens dont
il paraît vouloir se servir et qu'il a plus d'une fois employés de préférence à tous autres. L'ennemi de Dieu et
des hommes devait donc depuis longtemps et doit surtout aujourd'hui s'attacher à perdre la nation française, qu'il déteste presque à l'égal de l'Église, parce
qu'ayant été la première à embrasser la foi catholique,
elle ne l'a jamais abandonnée, qu'elle a été au contraire
des plus ardentes à la répandre, toujours empressée de la
protéger, toujours prompte à la proclamer quand on a
voulu lui en interdire l'exercice, toujours le principal
instrument de l'intervention visible de la Providence
dans les affaires de ce monde. Veut-on nier que le
génie du mal intervienne, lui aussi, dans les choses
de la terre, qu'il assiste de son esprit les hommes qui
s'éloignent obstinément de Dieu, qu'il leur souffle ses
pensées, et qu'il oppose aux plans de la sagesse divine

les obstacles et les plans de son infernale habileté? Si l'on n'ose pas trop aller jusque là, et si l'on n'est pas résolu à faire trève de tout raisonnement, il faut bien admettre que la France a dû être, après l'Église, le principal objet de la haine de Satan, et que l'intérêt capital de celui-ci est de briser la puissance d'une nation toujours prête à relever et à défendre le siége de saint Pierre.

. Ne nous étonnons donc pas des efforts faits par l'enfer pour perdre la France par l'hérésie protestante et janséniste, par le séparatisme gallican, par le philosophisme et les idées révolutionnaires, par la corruption des princes et des grands, par les plus épouvantables et les plus sanglantes commotions politiques, par des guerres extérieures à soutenir au loin ou contre des multitudes d'ennemis coalisés. Quelle autre nation a jamais eu à résister à tant de causes d'affaissement intellectuel, de dissolution morale et de destruction matérielle? L'Église seule a pu traverser de pareilles épreuves sans y périr ; et la fille aînée de l'Église les a subies sans que la source des nobles pensées et des généreux sentiments soit tarie en elle, sans que le principe et les éléments de sa vitalité aient paru atteints. Et aujourd'hui, au milieu de la corruption universelle qui a envahi les nations du globe, c'est encore elle qui renferme le plus d'éléments de régénération, et la guerre qu'on lui fait n'a pas en réalité d'autre motif que la crainte que l'on a de sa puissance comme nation catholique toujours prête à se réveiller et à s'armer pour la cause de la justice et de la vérité opprimées.

C'était bien le chef-d'œuvre de la politique de Satan
pour perdre la France que de se servir des deux hommes qui s'étaient faits dans ce siècle les deux grands
ennemis de l'Eglise. Il savait très-bien que c'est par
un homme qu'une nation peut être le plus facilement
conduite à sa perte, puisque c'est toujours par un
homme que Dieu la sauve. Et ce qui aidait merveilleusement à ses plans, c'est que chaque fois, jusqu'au
dernier moment, l'instrument de ruine était accepté
par une masse d'hommes aveugles comme un instrument de salut. Aveuglé lui-même par de longs succès
qui lui avaient fait une fortune inouïe, le premier de
ces instruments servait, sans les connaître, les plans
de l'invisible ennemi de la France, en appelant sur
elle les justes représailles de tant de nations qu'il avait
vaincues, humiliées et foulées. C'en était fait dès cette
fois de la fille aînée de l'Église, s'il ne s'était trouvé
une famille qui inspirât une entière confiance à l'Europe et bannît pour longtemps tout sujet de crainte de
bouleversements à l'intérieur et d'injustes entreprises
au dehors.

Quant au second de ces instruments, il a été beaucoup moins aveugle et moins passif que le premier
dans l'œuvre d'anéantissement de la nation française ;
il fût entré dans un plan ourdi pour la corrompre, l'affaiblir et la livrer à ses ennemis, qu'il n'aurait pu
y mettre plus d'intelligence et d'habileté. Tout ce
qu'il était possible de faire pour lui ôter sa foi,
pervertir ses mœurs, lui inspirer la haine et le mépris de toute autorité, il l'a fait. Le premier avait

du moins donné à la France une force militaire qui la rendait redoutable à ses ennemis ; il lui avait préparé et laissé des chefs braves et habiles. Le second a pris à tâche de désorganiser l'armée par des changements, des remaniements et des réglements qui ont provoqué de justes critiques et des murmures, et ont substitué à l'esprit d'ordre et de discipline des habitudes d'insubordination ; la routine a fait arriver dans les différents grades des hommes incapables, et la faveur s'est portée sur une multitude de sujets indignes de confiance et de respect, qui semblaient choisis tout exprès pour rendre l'autorité odieuse et l'obéissance difficile. Et quand l'armée française, réduite à de telles conditions morales, a eu à soutenir une lutte inégale contre des forces deux fois supérieures en nombre, quand elle se fut essayée dans une résistance impossible, son chef a trouvé moyen d'en sacrifier la moitié, comme s'il eût été chargé d'aplanir les difficultés que rencontraient les ennemis de la France à s'implanter chez elle.

Ainsi, tout ce qu'il était possible de faire pour perdre la France moralement et matériellement, pour la ruiner, lui retirer son or et son sang, pour stériliser son sol en arrachant les bras à la culture, pour la livrer ainsi épuisée à l'étranger, tout a été fait par les deux Empires, et l'éternel ennemi de l'Église ne pouvait pas trouver, dans les inventions de sa haine contre elle, un régime et des instruments plus aptes à humilier et anéantir la première des nations catholiques, à briser le glaive qui a toujours protégé le Pontife romain.

Voilà la véritable philosophie de notre histoire moderne, c'est-à-dire l'intelligence des leçons données par les événements de notre époque. Que la France comprenne ces leçons et qu'elle n'en perde jamais le souvenir et l'intelligence. Elle peut voir aujourd'hui, par l'immensité du mal que lui a fait le second Empire, quel triste service on lui a rendu en lui laissant ignorer ou lui faisant oublier le véritable caractère du premier, dont le second n'a été que la continuation et le complément. L'avenir de la France est engagé au-delà de tout ce que l'on peut dire à ce qu'elle ne se trompe plus sur un tel point, car l'erreur pourrait la conduire un jour à subir la trois'ème phase de ce funeste régime ; et la troisième phase serait à coup sûr la dernière pour la France, qui serait cette fois perdue sans retour, la dernière peut-être aussi pour l'Église, qui verrait ses destinées accomplies sur la terre et serait à la veille d'être appelée à régner dans les cieux avant que les portes de l'enfer aient pu prévaloir contre elle.

Pour préserver l'avenir, pour éloigner de la France les dernières et trop visibles catastrophes, qu'on ne laisse donc plus désormais fausser l'esprit des générations par cette multitude de chansonniers, d'historiens, de romanciers, de rhéteurs et d'écrivains sans principes et sans portée qui ne savent qu'admirer niaisement tout ce qui fait du bruit et du fracas dans le monde. Qu'on ne laisse pas proposer à l'admiration et présenter comme un *grand homme* celui qui n'a été qu'un grand instrument de ruine morale et matérielle pour son propre pays et pour toutes les contrées qu'il a parcourues, qui n'a pris en main la cause de l'Église que pour s'en faire bientôt après le persécuteur et le tyran, qui n'a dompté et muselé la Révolution que pour en recueillir l'héritage et lui substituer un autre régime de *terreur*, qui n'a remporté sur les ennemis qu'il s'était faits que des victoires stériles, et qui n'a laissé à la France après toutes ses conquêtes qu'une législation despotique et désastreuse. Qu'une fois constatés les talents militaires du moderne Attila, il reste un sujet d'études utiles pour l'homme de guerre, mais que la nation très-chrétienne soit instruite à ne voir en lui, à travers le manteau de fausse gloire dont on l'affuble, que le digne précurseur de Napoléon III ; en l'un et en l'autre que les ennemis de sa foi, de ses mœurs, de sa grandeur morale, que les auteurs de ses plus terribles revers et des plus grandes calamités qu'elle ait jamais subies.

20 octobre 1870.

LA MISSION DE LA PRUSSE

15 décembre 1870.

La Prusse accomplit sa mission ; à l'entendre, elle
ne ferait que la commencer, mais de fortes raisons
nous portent à croire qu'elle la finit. Nous ne sommes
donc d'accord avec la Prusse qu'en un point : c'est
qu'elle a une mission à remplir ; depuis longtemps elle
en est persuadée ; on l'a, chez elle, assez fait entendre
aux masses, et les classes intelligentes n'ont à cet
égard qu'un même langage avec le peuple. La nation
est imbue, on pourrait dire fanatisée, de cette idée:
mais on a rarement dit en quoi elle consiste ; seulement nous avons vu par les préparatifs qui se faisaient
depuis de longues années, que la Prusse se croyait
appelée à jouer un grand rôle militaire, à dominer
l'Europe par la force de ses armes et par la supériorité de sa tactique, en un mot, à devenir la première
des puissances et l'arbitre des destinées du continent,
en sorte qu'il ne s'y tire pas un coup de canon sans sa
permission. Plus tard, c'est-à-dire dans ces derniers
temps, on a eu la franchise de nous dire que c'était le
rôle de la Prusse protestante substitué à celui que
pouvait remplir la France catholique si elle eût compris ses intérêts? De là, la prétention aujourd'hui

avouée de faire voir au monde que le principe protestant élève, ennoblit et grandit les nations, tandis que la superstition catholique les dégrade, les corrompt et les énerve (1).

Et c'est là ce que la Prusse ose appeler sa mission ! Mahomet, qui s'y prenait à peu près comme s'y prend la Prusse, aurait pu tout aussi bien parler de sa mission, à lui ; son langage eût été tout aussi chrétien.

Nous nous réjouissons que la question soit ramenée à ces termes que bien des gens n'auraient jamais voulu comprendre. La France se trouve ainsi associée à la cause de l'Église catholique ; déjà ce pouvait être pour elle un grand sujet d'espérance au milieu de ses épreuves de voir qu'elle était frappée en même temps que le Saint-Siége, qu'elle était livrée à ses ennemis, comme la Papauté aux siens, par la lâcheté et la trahison du même fourbe qui devait les protéger et les défendre l'une et l'autre. Aujourd'hui, une chose apparaît clairement et doit achever de la rassurer sur son avenir : c'est qu'en s'attachant à l'humilier et à la battre, on prétend établir le triomphe du protestantisme sur le catholicisme.

Dès lors ne nous est-il pas permis de dire : Si Dieu n'a pas abandonné son Église, s'il doit la faire triompher prochainement, comme l'univers chrétien le de-

____

(1) Voyez, à cet égard, divers documents qui ont été publiés par les journaux dans le mois d'août dernier, entre autres la Lettre d'un colonel protestant à **M.** Émile de Girardin, lettre qui a provoqué d'énergiques protestations de la part de la presse catholique, et en particulier de la *Gazette du Midi.*

mande et l'espère, comme tant de raisons et de signes
extérieurs semblent l'annoncer ; si les épreuves par
lesquelles il la fait passer en ce moment ne sont pour
elle qu'une dernière et préparatoire épuration, qu'une
tempête soulevée pour l'engloutir au moment où on
la voit prête à s'élancer vers de nouvelles terres et de
nouveaux cieux, la France sera sans doute associée à
ce triomphe de l'Église, comme elle est associée aujourd'hui à ses souffrances et à ses épreuves ; épurée
comme elle, retrempée dans ses humiliations et régénérée dans son propre sang, on la retrouvera plus
digne de servir encore une fois d'instrument aux bienfaits et aux desseins de la miséricorde divine sur le
monde.

Et cette interprétation du présent et de l'avenir de
la France n'est pas la nôtre ; c'est ce qui résulte du
langage que nous apportaient les feuilles catholiques
étrangères avant même que la situation de l'Église fût
devenue aussi identique qu'elle l'est maintenant avec
celle de la France. Et combien la communauté de douleurs qui s'est établie entre elles n'autorise-t-elle pas
les espérances que l'on avait déjà ?

Laissons donc s'accomplir la mission de la Prusse
protestante, et attendons-en patiemment la fin, tout
en résistant autant que possible par la force et par la
prière à cette nouvelle inondation de barbares. Soyons
persuadés que quand le torrent aura passé, il aura
emporté bien des immondices qui empestaient l'air et
diminuaient singulièrement en nous la vigueur et la
vie. Mais croyons-le bien : cette inondation ne sera

qu'un torrent débordé. Et qui sait si ce torrent lui-même, qui ne s'était formé qu'au milieu des orages amoncelés par le protestantisme sur l'Église, ne disparaîtra pas quand le calme aura succédé à la tempête, et que le soleil de la vérité brillera dans tout son éclat?

Et quelle est donc, en réalité, la mission de la Prusse, puisqu'elle ne peut être, comme la Prusse se l'imagine, d'établir la domination du protestantisme en Europe sur les ruines du catholicisme? Une nation protestante n'a pas de règle ni de lumière surnaturelle pour interpréter sa mission pas plus que pour interpréter l'Écriture. L'instinct qui la guide lui fait sentir qu'elle obéit à l'impulsion d'une puissance supérieure, mais elle ne sait pas quelle est cette puissance et quels en sont les desseins. Le roi Guillaume se plaît à proclamer qu'il est « l'instrument de la volonté de Dieu. » Il n'y a là qu'une partie de la vérité, qu'il lui importerait de connaître tout entière, et qui lui inspirerait des doutes salutaires sur le mérite de l'œuvre qu'il accomplit et sur la nature de la récompense qui l'attend. La vérité qu'entrevoit le roi de Prusse, c'est que la France avait besoin d'être châtiée pour être épurée et éclairée; mais c'est improprement parler que de dire que Dieu se sert de lui et qu'il l'envoie; en réalité Dieu ne fait que l'abandonner à ses passions ambitieuses et aux inspirations de l'esprit qui l'anime depuis longtemps, esprit de révolte, de mensonge et d'orgueil, qui lui a fait concevoir la pensée impie et la folle espérance de convaincre le catholicisme de superstition et d'ineptie dans la conduite des sociétés. Cet esprit mauvais et trompeur n'est lui-même, comme le roi Guillaume, qu'un instrument de la volonté divine, et pour s'en servir Dieu n'a qu'à lui rendre une partie de sa liberté et lui livrer, dans une mesure complète ou restreinte, ceux de ses ennemis qu'il veut perdre ou ceux de ses serviteurs qu'il veut éprouver.

Ainsi la foi de Guillaume et de la Prusse à sa mission n'est autre que la foi d'Attila, qui se reconnaît aussi l'instrument de la volonté divine et se fait appeler le *fléau de Dieu ;* c'est la foi de Napoléon Ier à son étoile ; c'est la foi de tous les ravageurs de contrées et de royaumes, de tous les grands égorgeurs d'hommes, de tous les destructeurs de l'humanité ; car nul n'a jamais procédé à ces grandes exécutions de la justice divine sans ressentir et avouer qu'il ne faisait qu'obéir à une impulsion supérieure. Jamais un athée n'a eu l'honneur de servir à quoi que ce soit ; il ne saurait être qu'un objet de mépris pour Dieu et pour les hommes, nous dirions même pour les démons *qui* du moins *croient, mais* qui haïssent et *qui tremblent.*

La *mission de la Prusse* est un de ces mots qui renferment une vérité tout autre que celle que prétend exprimer celui qui l'énonce. C'est une vérité travestie en passant par la bouche de ceux qui se font les suppôts du *père du mensonge.* C'est ainsi que Caïphe formulait une autre vérité que celle qu'il voulait exprimer lorsqu'il disait qu'il *était utile qu'un homme mourût pour tout le peuple.* C'est ainsi que de nos jours Victor-Emmanuel a désigné lui-même le terme fatal auquel il arriverait, lorsqu'il a prononcé ce fameux mot en s'engageant dans la carrière de la Révolution : *Andremo al fondo,* mot qui a été compris tout de suite dans un autre sens que celui qu'y attachait le malheureux complice et misérable instrument de Napoléon III. C'est ainsi que ce dernier a, lui aussi, exprimé une grande et terrible vérité, qui était bien loin de son esprit, lorsqu'en entrant en Italie en 1859, il a lancé cette odieuse parole qui était la négation de tout ordre, de toute justice et de toute morale : *L'Italie régénérée depuis les Alpes jusqu'à l'Adriatique !* Cet homme si honnête, qui s'associait le chaste Emmanuel dans son œuvre de *regénération,* ne se doutait pas que la Révolution qu'il importait de vive force en Italie avec toutes ses impiétés, ses spoliations et ses ignominies, serait pour le catholicisme le feu qui purifie l'or et le dégage de ses scories, que ce serait l'épreuve salutaire où les bons retrouveraient plus d'intelligence et de force, où les hypocrites, enfin démasqués, ne seraient plus une cause de faiblesse et de ruine dans un ordre plus sage et plus réel.

Le grand missionnaire prussien, le roi Guillaume et son acolyte Bismark mettent à leur œuvre à peu près autant d'honnêteté et de bonne foi que les régénérateurs de l'Italie, Napoléon III, Victor-Emmanuel et Cavour, en mettaient à la leur.

A les entendre, ce n'est que la nécessité de se défendre qui leur a mis les armes à la main ; ils ne font que protéger l'Allemagne contre les convoitises incessantes de la France ; à les en croire, la Prusse est la nation la plus pacifique, la moins ambitieuse; ses accroissements rapides depuis deux siècles ne sont sans doute que la récompense de ses vertus, et c'est la seule volonté de la Providence qui lui a livré tous ces divers États tombés sous son sceptre. Que l'on n'aille pas lui opposer sa législation immorale sur les mariages, qui admet le divorce pour accroître la population, ni son organisation militaire, qui fait de tout le peuple un soldat toujours prêt à marcher; qu'on ne cherche pas la raison de ses guerres contre le Danemarck et contre l'Autriche dans ces dernières années; qu'on ne lui demande pas pourquoi elle fait asseoir un de ses sujets sur le trône des Principautés, et pourquoi elle veut en envoyer un autre s'asseoir sur celui d'Espagne, ni comment elle concilie son religieux respect pour « le droit divin » avec son empressement à escamoter le bénéfice des révolutions; enfin ne lui faites pas observer que le mot même de *mission*, si accrédité chez elle, prouve qu'elle a un but caché, tout extérieur et différent de celui que doit se proposer chaque nation : de vivre et de prospérer dans la paix à l'intérieur et au dehors; — tout cela ne serait que vaines chicanes et subtilités auxquelles elle ne s'abaisserait pas à répondre; ou plutôt elle vous répondra en vous montrant l'immense multitude de ses bayonnettes, de ses chevaux et de ses canons.

Inutile après cela de lui dire que l'ennemi héréditaire, l'*erbfeind* de l'Allemagne, n'est plus en France, que la déplorable politique de Richelieu est aujourd'hui jugée, condamnée, et abandonnée, qu'au lieu de

penser encore à l'abaissement de la maison d'Autriche, qui n'a été que trop poursuivi et obtenu, la politique la plus vulgaire comme la plus vraie appelle et
réclame de tous ses vœux l'union et l'alliance la plus
étroite entre les deux grandes puissances catholiques :
— la Prusse ne tient nul compte de tout cela. Est-ce
qu'il y a des raisons, est-ce qu'il y a une évidence
contre l'intérêt de la Prusse? Il faut pour son intérêt
que l'Allemagne soit trompée, et elle trompe l'Allemagne par le plus impudent mensonge en lui parlant
chaque jour des desseins hostiles de la France qui menace sans cesse son intégrité, qui convoite une partie
de son territoire. On ose le dire officiellement à la diplomatie, qui sans doute a eu la candeur de ne pas
s'apercevoir que la France querelleuse et conquérante
avait à peine quatre cent mille hommes à opposer aux
douze cent mille de sa pacifique voisine ; qu'au lieu de
se ménager des espions dans le pays ennemi, elle avait
eu la bonhomie d'héberger depuis quatre ans chez elle,
sans aucune défiance, la masse des officiers et soldats
que la Prusse lui envoyait sous toutes sortes de dégui-
sements. Contre une telle habileté et de si noirs desseins, la Prusse ne saurait évidemment exiger trop de
garanties; non dans son propre intérêt, mais au profit
de l'Allemagne, dont elle est la généreuse protectrice.
Il faut qu'elle se hâte de bombarder nos villes, car le
danger est trop imminent pour admettre les lenteurs
d'un siége régulier ; il faut qu'on les lui livre au plus
tôt, afin que ces places, qui avaient un caractère offen-
sif contre elle, n'aient plus entre ses mains qu'un ca-

ractère purement défensif qui la mettra enfin à l'abri de toute crainte du côté de la France.

Un tel langage ne prouve qu'une chose : c'est le profond mépris que l'on a pour la diplomatie et pour la conscience publique. S'imaginer qu'avec une hypocrisie si transparente on pourra déguiser l'effrayante et folle ambition à laquelle on obéit, c'est montrer que l'on a perdu toute notion du vrai et du faux, du juste et de l'injuste, toute pudeur dans la poursuite de son propre intérêt. Mais la patience des hommes aura un terme, la rougeur finira par leur monter au front ; un immense cri d'indignation s'élèvera pour flétrir et réprouver cette politique infâme qui, du Nord où elle a son siége, déjà menace les contrées les plus éloignées, telles que l'Espagne et les frontières de la Turquie. Et si les nations ne savent pas se concerter entre elles et s'armer pour la défense du droit public foulé aux pieds, de la vérité insultée, de l'humanité et de l'honnêteté indignement outragées, Dieu, qui se lasse aussi, et qui ne laisse que pour un temps libre cours à l'hypocrisie, à la violence, se servira des intérêts des hommes pour les liguer contre leur ennemi commun. Et qui sait ce que deviendra la Prusse ce jour-là ? Qu'opposera-t-elle à ce vaste concert de réclamations qui s'élèveront contre la longue série de ses annexions et de ses spoliations ? Il sera beau de voir la dernière venue des nations européennes invoquer de prétendus droits de prescription pour échapper à des actes de réparation et de justice où elle serait menacée de périr et de disparaître avec le protestantisme auquel elle doit son existence. Elle qui invoque aujourd'hui l'intérêt et la sécurité de l'Allemagne pour envahir, saccager et démembrer la France, qu'aura-t-elle à répondre quand l'Allemagne elle-même, désolée et privée de toute sa population virile par le fait de la Prusse, sera la première des nations à dire qu'il n'y a plus de paix, de prospérité et de sécurité possible pour aucun État en face d'une puissance dont toutes les idées sont tournées vers la guerre, et qui force par là même les autres à faire de chacun de leurs hommes un soldat? Et quand toutes les nations, ainsi amenées à se réunir contre l'ennemi commun, auront envahi son territoire, ne seront-elles pas autorisées à user de justes représailles envers la Prusse en lui appliquant à son tour le droit de conquête qu'elle invoque aujourd'hui, et qui se joindra à d'urgentes nécessités de réparation et de sûreté publique?

Il n'y a pas à en douter : un jour viendra, et ce jour n'est pas aussi éloigné qu'on le pense, où tout le monde se dira : « L'ordre européen n'est pas possible avec l'existence de la Prusse. »

Ce jour-là le catholicisme, qui a vu tomber, il y a vingt-cinq ans, la Rome protestante, verra s'écrouler le dernier boulevard du protestantisme, et Rome, qui vient d'être livrée à ses ennemis par son prétendu protecteur Napoléon III, se verra vengée à la fois de tous ceux qui l'ont trahie : il ne restera de la Prusse qu'un exemple donné aux nations ennemies de la vérité, et ce sera la fin de sa MISSION.

P. S. 29 décembre 1870. — Le *Gaulois* vient de

publier ces jours derniers une très-curieuse conversation de M. Angel de Miranda avec M. de Bismark. Nous n'avons aucune raison d'en révoquer en doute le fait principal ni les détails, et il y a, au contraire, plusieurs points dont il serait utile de prendre note, tels que l'intervention de M. Thiers auprès des puissances s'exerçant au profit des d'Orléans, le dessein bien arrêté de ne signer la paix qu'à Paris, l'idée que « la race latine est usée, » le projet de donner à la France un « Robert Macaire » ou un Napoléon, etc. Tout est bon pour elle, parce qu'en définitive, et c'est là le point important à noter, la politique de l'Allemagne, comme de l'Europe entière, « doit avoir pour *but d'amoindrir le plus possible et de ruiner la France,* de façon à la rendre incapable pour longtemps de troubler la paix générale. »

« Ces paroles d'une impitoyable logique, froidement exprimées, me donnèrent le frisson, ajoute M. A. de Miranda. A ce moment je crus lire dans le livre du destin l'arrêt sans appel qui condamnait la France. Il y eut un silence morne, etc. (1). »

Les paroles qui donnent aujourd'hui le frisson à un diplomate n'ont rien qui nous surprenne. Il y a trente et des années, nous pouvons l'affirmer, que l'on entrevoyait ce qui arrive. On se disait, et nous l'avons entendu exprimer, que nos révolutions politiques amèneraient l'Europe à penser que le partage et le morcellement de la France était la condition première de

____

(1) *Décentralisation* de Lyon, du 27 décembre 1870.

la tranquillité générale, et qu'il n'y aurait de paix as·
surée pour aucun Etat aussi longtemps que la France
continuerait à être ce qu'elle a été jusqu'à ce jour.
Eh bien ! malgré ce précédent ou plutôt ces prévisions
justifiées, nous dirons que M. de Bismark manque de
franchise ou d'intelligence. S'il sait ce qui se passe, il
manque de franchise; s'il ne le sait pas, il manque
d'intelligence. M. de Bismark se flatte en prétendant qu'il
agit dans l'intérêt de l'Europe et qu'il pourvoit au salut
commun ; il ne peut pas plus croire à ce qu'il dit ici qu'il
ne croit aux vertus prussiennes et au rajeunissement
des races latines par l'infusion de l'élément allemand.
L'intérêt européen mis en avant n'est que le prétexte;
c'est le côté politique présenté pour tromper le public
des cours et des journaux. En réalité, M. de Bismark et
son roi franc-maçon ne font qu'exécuter l'arrêt porté par
les loges contre la France catholique. Il y a longtemps,
peut-être un demi-siècle, que le plan bien arrêté de la
Révolution est d'abattre la Papauté et de lui ôter son
indépendance temporelle pour entraver et annuler
l'exercice de sa puissance spirituelle. Toute l'action révolutionnaire a été combinée en Europe et dirigée dans
ce but. C'est pour y arriver qu'il a été arrêté qu'on ne
laisserait aucune puissance catholique s'étendre tant
qu'elle ne serait pas définitivement acquise à la Révolution comme le Piémont. C'est pourquoi l'Autriche
n'aurait pas été libre d'user de son droit de conquête
après les deux guerres de Lombardie que lui avait
suscitées très-gratuitement l'ambition de Charles-Albert. Toute la diplomatie, qui est liée aux sociétés se-

crètes, fût intervenue pour empêcher cette fois une annexion..On n'est libre de s'annexer quoi que ce soit qu'autant que l'on est ennemi du catholicisme et de la Papauté ; mais quand on a donné cette garantie à la secte, on peut prendre tout ce que l'on veut si l'on a la force de l'occuper ; aussi ni le Piémont, ni la Prusse n'ont rencontré la diplomatie sur leur chemin. L'Autriche ne pouvant être acquise d'une manière certaine et définitive à la Révolution, il fallait, pour l'empêcher de soutenir la Papauté, qu'elle fût morcelée et affaiblie, et c'est l'ex-Empereur des Français qui s'est chargé de l'exécuter en s'armant lui-même contre elle et en lui suscitant des ennemis au nord et au midi de ses frontières. Mais comme ce même exécuteur des hautes œuvres maçonniques s'est montré trop faible pour empêcher la France de relever le trône pontifical et de le défendre, comme il a dû deux fois plier devant la volonté de la nation exprimée par des chambres cependant assez peu catholiques, on s'est dit que la France, n'importe quel gouvernement elle ait, république ou monarchie, dominée par une tourbe de démagogues ou par le plus scélérat des hommes, sera toujours au fond la nation très-chrétienne, qu'elle n'oubliera jamais complétement ses traditions, et qu'il faut s'attendre à la voir s'armer pour les intérêts de l'Église toutes les fois qu'ils seront compromis. Dès lors, plus d'hésitation : il fallait détruire la puissance française, « amoindrir le plus possible et ruiner la France, » comme dit M. de Bismark, de façon à la rendre incapable pour longtemps, non pas de troubler la paix générale, mais de contrecarrer les plans de la franc-maçonnerie, qui tendent à établir la société en dehors de l'Église et la paix dans le monde par l'étouffement de tout ce qui est chrétien.

Voilà, M. de Bismark, le véritable sens de votre politique, voilà le véritable but de la guerre d'extermination que vous faites à la France, malgré vos prétentions de rajeunir l'Europe et d'infuser aux races latines un sang plus généreux et moins corrompu. Voilà ce qui explique et peut seul expliquer le criminel silence de la diplomatie européenne en face de vos atrocités et des hypocrisies d'un prétendu roi de droit divin qui n'est plus qu'un chef d'égorgeurs et de pillards. L'intérêt des diverses puissances européennes n'est assurément pas qu'il n'y ait plus de France ou qu'il n'y ait plus qu'une France humiliée et impuissante; cela devient parfaitement visible pour plusieurs d'entre elles; mais il n'y a plus d'intérêt particulier pour aucune nation, du moment où l'intérêt suprême de la franc-maçonnerie a parlé. Vous n'êtes, M. de Bismark, vous comme Cavour, comme votre prisonnier de Sedan, que le commis et l'agent des sociétés secrètes, et si la justice divine ne vous frappe pas comme le premier, vous pourrez, comme le second, être frappé par ceux-là mêmes que vous servez, quand vous aurez accompli leur œuvre et non la vôtre; et il ne vous restera que ce qui lui reste et qui l'attend : le mépris de vos complices, l'exécration de vos contemporains et l'horreur de la postérité. Libre à vous après cela de vous consoler du tout en vous livrant à des orgies prussiennes.

4.

Les hommes qui écrasent la France dans l'intérêt de la paix pourront nous ramener et nous imposer celui qui leur a déclaré la guerre ; c'est là une logique et une sagesse parfaitement conformes aux vertus qu'ils se vantent de nous apporter. Ce dernier fléau, ajouté à tous ceux qu'ont vomis sur nous les canons prussiens, serait pour nos ennemis le couronnement de leur œuvre, car ce serait le plus sûr moyen d'achever d'amoindrir et de ruiner la France. Mais si l'aveuglement de leur haine les conduit à dévoiler ainsi aux yeux du monde entier les contradictions de leur politique de mensonge, qu'ils sachent d'avance ce qu'il leur est réservé de voir : c'est que la consommation de leur iniquité sera la consommation de nos épreuves ; c'est que la France, épurée par le fer et par le feu, se délivrera de la dernière de ses souillures ; elle montrera aux puissances étrangères que les races latines ont une vitalité que ne connaissent pas celles qui sont dans l'erreur ; le monde entier verra que, grâce au catholicisme, elles sont toujours guérissables, et qu'il leur suffit de se rattacher à la vérité pour se relever de l'abîme et rentrer dans les voies de la force, de la prospérité et de la puissance. L'impiété maçonnique sera confondue, et ceux qui s'appuyaient sur elle n'apparaîtront plus que ce qu'ils sont, les ennemis de Dieu et des hommes.

PRÉSAGES

Lettres à un ami.

Janvier 1871.

Cher monsieur,

Vous m'avez demandé de vous donner les raisons
que je pouvais avoir de penser que mes vœux pour
vous et pour nous tous, au commencement de cette
année, ne seraient pas stériles. Empressé de vous répondre dans un moment où tout le monde a tant besoin d'espérer, j'ai vu tout de suite qu'il me serait
impossible de vous exposer mes raisons dans une
simple lettre. Je me suis donc excusé près de vous en
vous disant qu'il faudrait pour cela rapprocher un
ensemble de faits et d'observations qui remontent à
une quarantaine d'années, et je me suis borné alors à
insister sur ce point : qu'il ne faut pas se séparer de
la pensée commune et des espérances des chrétiens ; je
vous ai montré que, depuis plus de trente ans, les
catholiques les plus éclairés attendent, pour l'époque
où nous sommes, des événements qui convertiront les
humiliations et les abaissements de la France et de
l'Église en un magnifique triomphe pour l'une et pour

l'autre, que le langage tenu de nos jours par le Pape
et bien des évêques en ce qui concerne l'Église, n'est
que l'expression d'une pensée depuis longtemps commune à tout l'univers chrétien, et que la France par-
tagera la gloire et les joies de l'Eglise comme elle
partage aujourd'hui ses tribulations.

Le travail auquel me conviait votre lettre, sans
vous en douter, serait donc la justification des espérances des chrétiens, et je vous ai dit que j'essaierais
peut-être de l'esquisser. Qu'il soit utile en lui-même,
je n'en doute pas, mais qu'il serve à quelque chose et
qu'il ait un peu de succès tel que je pourrai le faire,
je n'oserais en répondre, et je vous avoue que j'ai à
cet égard plus de crainte que de présomption. N'importe, j'abandonne le résultat à la Providence, comme
tant d'autres choses.

Dès le début je m'aperçois que je me bornais encore trop lorsque je vous disais qu'il me faudrait remonter à une quarantaine d'années pour retrouver
les motifs de mes espérances. C'est bien alors en effet
que je commençai à partager celles que j'entendais
exprimer; mais depuis elles se sont affermies en se
rattachant à des causes bien antérieures. Les événements attendus et salués de loin comme devant marquer la régénération de la France, et par la France
redevenue chrétienne, le triomphe de l'Église, ces
événements merveilleux qui doivent changer la face
de notre société ont été préparés de loin, n'en doutez
pas, ou plutôt ils ne seront que l'éclosion soudaine
d'une germination nouvelle qui était latente depuis

longtemps, et qui se révélant à tous les yeux deviendra l'arbre tutélaire à l'abri duquel se reposera la société sauvée de la tempête et transformée.

Ce qui fait le salut et la vie des nations, ce qui les élève et les rend prospères, c'est la vérité qu'elles connaissent et qu'elles pratiquent ; la mesure de leur force et de leur vitalité n'est que la mesure de vérité qui vit en elles ; aussi Celui qui s'appelle la vérité s'appelle-t-il aussi la vie. Vous voyez par les différentes phases de la décadence de la France ce que devient une nation quand toutes les vérités y sont niées ou contestées, quand la notion du droit a disparu et a laissé proclamer un droit nouveau, quand chacun peut appeler bien ce qui lui convient, et mal ce qui lui déplaît. Ne soyez donc pas étonné si je remonte, pour trouver les premiers éléments de notre régénération, à l'époque où la vérité religieuse, reléguée par l'esprit du dernier siècle dans l'intérieur de la famille, commence à réapparaître dans la vie publique et si je m'attache à en suivre les développements. La puissance qu'elle a atteinte est le meilleur gage de notre avenir; l'immense commotion qui se fait en ce moment n'est que la dernière lutte de l'impiété pour l'empêcher de prévaloir dans le monde, et la contre-révolution que nous attendons ne sera que l'acte qui reconnaîtra sa suprême souveraineté ; ce sera la réalisation de ce qu'a dit M. de Bonald : « La Révolution française, qui a commencé par la déclaration des Droits de l'Homme, ne finira que par la proclamation des Droits de Dieu. »

Je reviens donc avec vous à ce que j'appelle les premiers *présages*, et que j'aurais peut-être dû appeler le commencement de la grande *préparation;* mais je ne veux pas être si ambitieux que de prendre un pareil titre.

Vous savez comme moi où l'on en était au commencement de ce siècle, grâce à cet esprit voltairien qui avait fait la Révolution française, ou plutôt qui lui avait donné la dernière impulsion. Il suffisait de se montrer religieux pour être regardé comme un imbécile; aussi, le nombre de ceux qui osaient pratiquer était-il déplorablement restreint; la religion ne semblait bonne que pour les enfants et les femmes, et l'on admettait facilement cette belle maxime, que je vis un jour consignée par la main de quelque philosophe esprit fort : « La religion et les lois sont une paire de béquilles qu'il faut laisser à ceux qui n'ont pas de jambes pour marcher. » C'était donc un immense service que Châteaubriand rendait alors à l'Église que de montrer ce qu'il y avait de poétique dans ses dogmes, dans ses usages et dans ses fêtes; forcer le monde à dire que l'on pouvait après tout admirer la religion et l'étudier sérieusement par quelque côté que ce soit, sans avoir à craindre de tomber dans l'idiotisme et la superstition, c'était ce qui pouvait le mieux répondre au besoin de l'époque, et y réussir c'était déjà un grand succès obtenu. La Providence a montré, on peut le dire, une incroyable indulgence pour nos faiblesses. Les Français se laissent éblouir par le faux brillant; ils courent après les noms qui ont de l'éclat : elle leur a envoyé des hommes de talent et d'imagination qu'elle a livrés à toute la liberté de leur propre esprit et dont le nom a eu du retentissement ; le pharisaïsme janséniste et gallican nous avait éloignés de la religion par sa sévérité : de nouveaux apologistes sont venus qui nous l'ont présentée parfois avec une certaine étrangeté d'allures et une singulière largeur d'accommodements. Quelques années après la prose de Châteaubriand, nous avons eu les *Méditations* poétiques et religieuses de Lamartine, en même temps que Lamennais faisait rentrer la philosophie dans le christianisme. Lacordaire dans la chaire, Montalembert à la tribune, Veuillot dans le journalisme, ont continué l'œuvre des trois premiers ; ils ont forcé l'attention des plus prévenus et des plus distraits ; ils ont obligé tout ce qui pense et qui lit à compter le catholicisme pour quelque chose et même pour beaucoup ; grâce à eux il a bien fallu reconnaître que le talent n'est pas nécessairement hostile à ce qu'on appelle l'idée religieuse. Et pendant que tous ces brillants faiseurs de bruit servaient la cause du catholicisme à leur manière, d'autres hommes et d'autres œuvres exerçaient sur les esprits une action moins éclatante, mais plus régulière, plus solide et plus sûre ; comme nous avions vu autrefois les Bonald et les de Maistre se révéler au public en même temps que Châteaubriand, de même nous avons vu en dernier lieu la démocratie chrétienne de l'*Univers*, corrigée par des journaux plus catholiques, qui n'ont pas oublié l'institution divine des deux puissances et la nécessité de leur concours pour le salut et la paix du monde.

Mais n'anticipons pas sur la marche des choses et constatons combien la vérité religieuse a reconquis de terrain pied à pied depuis le commencement de ce siècle. Elle est aujourd'hui partout; dans les lettres, dans les sciences, dans les arts, en politique, et en politique surtout, quiconque n'est pas avec elle et ne se rattache pas à elle est contre elle, ce qui prouve qu'elle est connue. Que nous sommes loin de l'époque du fameux livre de l'*Indifférence!* D'où cela vient-il? C'est que ceux qui ne sont plus avec ne peuvent nous plus nous mépriser; ils sont forcés de reconnaitre que la Providence ne nous ayant point délaissés, nous ne sommes pas plus dénués de talent qu'eux, et que notre foi nous donne une force qu'ils n'ont pas et ne peuvent avoir. Ils ont vu les œuvres du catholicisme, les misères qu'il soulage, les asiles qu'il relève, les masses de volumes scientifiques et religieux qu'il répand chaque année pour l'instruction et la consolation de toules classes; ils sont obligés de lui reconnaitre une vitalité et une puissance qui les effraie; ils voient que, merveilleusement envahisseur, il peut d'un moment à l'autre ressaisir cet empire universel qui lui appartient et qui serait parfaitement réalisé par l'union des deux puissances: et voilà la raison de cette haine désespérée qu'ils n'ont cessé de nous montrer depuis quelques années. Ils sentent décidément leur infériorité, et leur orgueil blessé ne nous pardonnera pas; comme leur politique a été convaincue de stupidité, de brigandage et de folie, on a pu voir sur les champs de bataille quelle est leur valeur militaire; Castelfidardo, Men-

tana, nous avaient déjà fait voir que le christianisme
enfante toujours des héros; la piètre et ignoble figure
que font aujourd'hui chez nous les garibaldiens complète la douloureuse expérience que nous avons faite
des talents et de la bravoure des impies.

Et voilà que voulant ramener vos regards sur le
passé pour vous faire voir combien le christianisme a
regagné de terrain parmi nous, je vous parle encore
du présent! Mais comment ne pas y revenir sans cesse
et comment même s'en détacher un instant? Constatons donc avec joie, et comme un motif des plus hautes
espérances, que le christianisme est aujourd'hui pleinement justifié dans l'ordre intellectuel, scientifique
et littéraire, comme dans l'ordre moral; il est prouvé
qu'il fait les forts et les braves, comme il fait les hommes intelligents, consciencieux et honnêtes; croyez-
vous qu'il soit si difficile maintenant de faire admettre
cette conséquence pratique : Puisque le christianisme
élève le niveau intellectuel et moral des peuples, qu'il
les rend forts et énergiques, qu'en confiant des fonctions et des grades à ses ennemis on s'expose grandement à rencontrer des traîtres, des infidèles, des dé-
prédateurs et des lâches, une saine politique ne peut
lui être ni indifférente ni hostile, mais doit au contraire l'appuyer et s'allier franchement à lui? Cette
conclusion n'est-elle pas toute naturelle? Sans que les
prémisses en soient rappelées, exposées et formulées,
la conclusion elle-même n'est-elle pas au fond de tous
les esprits? Elle y est si bien, que tout pouvoir qui
s'abstiendra de l'énoncer n'inspirera qu'une médiocre

confiance et ne rencontrera que des adhésions provisoires et incertaines, tandis que l'homme qui la pro-
clamera hautement et hardiment sera aussitôt acclamé
comme un libérateur et un sauveur; la force morale
qu'il acquerra dès le premier moment pacifiera aussitôt la société, et les méchants, s'il en reste lorsqu'ils
n'auront plus d'intérêt à être ce qu'ils sont, ne seront
plus en mesure de faire trembler personne.

Voilà en réalité où nous en sommes, et je puis vous
assurer que c'est un immense chemin que celui que
nous avons parcouru pour en venir là. C'est avec consolation que je retrouve aujourd'hui quelques-uns des
jalons plantés sur cette longue route. Il y a bientôt
trente-cinq ans que, me rencontrant parfois avec le
Chevalier des *Soirées de Saint-Pétersbourg*, le chevalier
d'Olry (1), je croyais déjà pouvoir lui dire qu'il me
semblait que c'était encore la France qui renfermait le
plus d'éléments de régénération. Il me répondit oui
sans hésiter, et il était alors à la veille de prendre sa
retraite comme diplomate; or, la réputation qu'il
s'était faite dans la diplomatie par la supériorité de
son intelligence et la fermeté de ses principes chrétiens était telle que, quoiqu'il ne représentât qu'une
puissance de second ordre auprès d'une puissance de
second ordre, la Bavière à Turin, le vieux prince de

(1) Je dois consigner ici une opinion très-respectable et ap-
puyée de hautes autorités, qui revendique pour le duc de
Blacas l'honneur d'avoir été un des trois interlocuteurs des
Soirées; mais l'opinion des amis du chevalier d'Olry repose
sur des raisons qui m'ont paru l'emporter.

Metternich disait de lui : « Ce diable d'homme peut tout dire et tout écrire. » Depuis lors les éléments de régénération se sont multipliés et fortifiés en France d'une manière admirable, tandis qu'ils semblaient décroître ou du moins qu'ils apparaissaient à peine dans les contrées de l'Europe les plus chrétiennes et les plus privilégiées. Et cependant combien nous étions encore éloignés du point où nous voici arrivés, où la proclamation des droits de Dieu, annoncée par M. de Bonald, n'est plus seulement possible, mais où elle est indispensable pour pacifier les esprits, vaincre les résistances qui s'élèvent contre toute volonté purement humaine, marquer la fin du pouvoir arbitraire et inaugurer les voies où doit marcher la société nouvelle ! Que de luttes il a fallu soutenir pour en venir là ! Je ne puis vous en faire le récit ; ce serait toute l'histoire du libéralisme qu'il faudrait écrire, et j'espère qu'il se trouvera un jour quelqu'un pour nous la donner. Rappelez-vous seulement que, jusqu'en 1850 ou 52 environ, vous n'aviez pas en France un seul journal catholique ou simplement honnête qui n'admît et ne réclamât *la liberté pour tous* en matière de presse, d'éducation et de religion, tant ce monstrueux système d'égalité de droits entre l'erreur et la vérité avait égaré les meilleurs esprits. Il est assurément difficile de comprendre comment les condamnations portées, en 1832, par Grégoire XVI contre toutes ces fausses libertés et contre la séparation de l'Église et de l'État avaient pu être oubliées au point qu'un de nos plus pieux et de nos plus savants évêques ne crai-

gnait pas de dire, dans ses *Cas de Conscience,* publiés
à la veille de la Révolution de 1848, qu'un État peut
être athée au moins négativement; mais il n'est pas
sans utilité de constater cette défection générale, dont
je pourrais vous donner bien d'autres indices profondément déplorables. Vers 1852, cependant, une réaction vraiment catholique commença à se faire sentir;
l'ancien *Univers* eut le courage de revenir sur son
passé, de répudier le prétendu beau mouvement de
89, et de se faire le champion du droit exclusif qui
n'appartient qu'à la vérité, sans contester les titres
que peut avoir l'erreur à l'indulgence et à la tolé-
rance. Cette thèse toute nouvelle ouvrit bien des yeux
à la lumière, mais elle provoqua aussi bien des violences et des injures de la part de certains catholiques
dont la confiance en eux-mêmes rappelle involontairement le mot de Châteaubriand, plaidant aussi à la
tribune la cause de la liberté avant 1830 : « Qu'on
mette une usurpation quelconque devant moi et qu'on
me laisse la liberté de la presse : je ne demande que
six mois pour ramener mon roi légitime. » Un monument de cette époque nous restera, attestant où
l'on en était et le retour qui s'est fait à la pureté de la
doctrine catholique : c'est l'odieux livre l'*Univers jugé
par lui-même,* livre publié vers 1855, pour discréditer
d'honnêtes laïques qui n'avaient eu d'autre tort que
de suivre ceux qui avaient entrepris de les diriger et
qu'ils pouvaient assez naturellement accepter pour
guides; honte aux sectaires qui s'acharnent ainsi
contre ceux qui les abandonnent pour rentrer dans la

voie droite! Que d'œuvres entreprises pour entraver
ce mouvement de retour! que d'intrigues, que d'ob-
essions, que de pieuses doléances au sujet de ces
tristes discussions qui divisaient les catholiques! Et au
milieu de ces contradictions la vérité faisait son chemin; le nombre de ceux qui s'attachaient à elle crois-
sait chaque jour; les feuilles publiques les plus accré-
ditées, auparavant décidées à ne la point connaître,
ne craignaient plus de la discuter et rendaient hommage au talent avec lequel elle était soutenue. Au milieu de tout cela la parole infaillible du Chef de
l'Église était intervenue plusieurs fois contre les faû-
teurs du libéralisme, et notamment par le mémorable
Syllabus ; et, au moment où le Concile allait se réunir
et sanctionner les condamnations portées, le libéralisme était répudié par les trois journaux qui repré-
sentaient le mieux en France le public chrétien. C'est
à dire que le journalisme catholique n'a plus qu'une
voix pour affirmer avec plus ou moins d'insistance et
d'énergie que la loi humaine ne peut être athée et
qu'elle doit être conforme à la loi divine. N'est-ce pas
là la proclamation des droits de Dieu, déjà formulée
par la presse catholique, et qui le sera nécessairement
par le pouvoir, dès le jour prochain où l'on sera forcé
de reconnaître, comme il y a vingt ans, « que la société ne peut être sauvée que par le christianisme.

II.

Mais vous me contesterez peut-être que ce jour soit prochain, ou du moins vous me demanderez les raisons que j'ai de le regarder comme tel.

Mes raisons sont nombreuses.

D'abord vous m'accorderez que la situation actuelle est tellement tendue, tellement douloureuse, qu'elle ne peut pas durer bien longtemps. Qu'elle change quelque peu de caractère pour nous laisser livrés à d'autres douleurs, à un autre genre d'oppression, ce n'est pas tout à fait impossible ; mais ces nouvelles épreuves n'auraient bientôt qu'un résultat, celui de nous rendre encore plus facilement gouvernables, plus empressés d'acclamer un pouvoir régulier. Et ne croyez pas que nous commettrons la même faute, je dirai le même crime qu'il y a vingt ans, où nous avons demandé notre salut à un homme évidemment indigne. Je vous ai montré qu'alors il n'y avait pas une seule voix dans la presse catholique pour répondre à cette grande question : « Le pouvoir doit-il être chrétien ou athée ? » Vous voyez par là comme nous étions prêts à sauver la société par le christianisme ! On en était à croire que l'on allait renouveler le miracle des premiers siècles, qu'on sauverait la société en rendant la famille chrétienne sous des empereurs impies, débauchés et persécuteurs. La Providence nous a punis, elle nous a montré ce qu'il faut attendre des sauveurs que l'on se donne soi-même, et elle ne nous mettra pas dans le cas de refaire la même expérience, que nous pourrions peut-être bien tenter si nous étions livrés à nous-mêmes. Elle nous épargnera un nouveau crime et se contentera de la disposition où nous sommes de reconnaître qu'il n'y a de salut pour les sociétés chrétiennes que par un pouvoir chrétien, ce qui n'aurait pas dû être si difficile à comprendre, et que nous n'avions pas encore compris. Cette fois la Providence nous sauvera elle-même, et nous serons réellement sauvés.

Ici permettez-moi de vous mettre en garde contre une illusion qui a un danger spécial en ce moment. Vous allez voir bien des gens s'agiter pour trouver le moyen de sortir de l'affreux chaos où nous sommes, et de reconstituer un gouvernement régulier. N'ayez nulle confiance dans les assemblées que l'on pourrait convoquer, ni dans les résultats de leurs délibérations, quels qu'ils soient. Croyez que la meilleure de leurs résolutions, si on pouvait l'attendre, serait entachée d'un vice radical : c'est qu'elle émanerait de la souveraineté du peuple. Or, jamais un peuple ne se sauve lui-même ; il n'a d'autre mérite que celui de l'individu, qui se convertit en acceptant la grâce qui lui est offerte et en y coopérant ; de même un peuple accepte les moyens de salut qui lui sont offerts ; il se soumet à l'homme que la Providence suscite pour le délivrer de ses ennemis intérieurs ou extérieurs, et qui lui apparaît avec des titres auxquels personne ne peut se méprendre, et qui ne se discutent pas. Tant que vous n'aurez qu'un homme appelé ou choisi par des assemblées délibérantes ou par un vote populaire, ne croyez pas que nous soyons rentrés dans l'ordre ; mais quand vous verrez surgir un de ces hommes vers lesquels se portent involontairement les regards, l'estime et la confiance, espérez, et demandez à la Providence qui l'envoie d'écarter au plus tôt tous les obstacles qui s'opposent à l'entier accomplissement de sa mission.

Eh bien, je crois vous avoir montré que nous sommes plus que jamais préparés à recevoir un tel homme et à le seconder, grâce au changement heureux que la connaissance de la vérité catholique a produit dans les esprits. Il pourra trouver parmi nous maintenant ce que l'on y eût vainement cherché jusqu'à ces derniers temps : l'accord de tous les gens de bien à reconnaître la nécessité de reconstituer la société sur des bases chrétiennes, et non plus sur des systèmes purement conventionnels ; grâce au Concile, c'est là un point sur lequel il n'y a plus à revenir, et c'est un fait immense, croyez-le bien, car en dehors de là, il n'y avait pas de reconstitution possible et de réorganisation tant soit peu durable.

Et maintenant que la préparation s'est opérée, que les éléments peuvent être mis en œuvre et s'harmoniser, vous craignez peut-être que la Providence nous fasse encore longtemps attendre l'homme qui doit porter le dernier coup à la Révolution, nous relever des calamités qu'elle a attirées sur nous et réparer les ruines qu'elle a faites. Un peu plus de confiance, je vous prie, dans la bonté du ciel, qui ne prend pas plaisir à nous flageller, et qui est plus empressé de manifester sa miséricorde que sa justice envers ceux qui reviennent à lui. Les épreuves que nous subissons étaient prévues depuis longtemps; remarquez bien que je ne vous dis pas « étaient prédites; » vous pourriez vous méfier des prédictions; je vous dis qu'elles étaient prévues et regardées comme les conséquences à peu près inévitables des révolutions qui bouleversaient périodiquement la France et ne laissaient de sécurité à aucun État de l'Europe. Dans le monde intelligent et chrétien au milieu duquel j'ai eu le bonheur de passer quelques années avant 1840, on entrevoyait parfaitement que nous ne sortirions de la Révolution que par une immense catastrophe; on se disait que la France serait probablement encore une fois envahie par l'étranger, menacée d'être morcelée et partagée, et que ceux qui la fouleraient croiraient en l'anéantissant travailler à la paix générale. Eh bien! je n'ai jamais entendu désespérer de la France. Tous ces événements, que l'on entrevoyait et dont nous sommes les tristes témoins, étaient regardés comme intimement liés à la résurrection de la France, comme la condition de son salut et l'épreuve qui devait achever de la purifier. Il a même été annoncé alors (je parle de quelques années avant 1840), qu'à la fin de ces événements il y aurait encore un Concile général, et vous verrez probablement que le Concile ne pourra reprendre ses sessions et accomplir son œuvre que lorsque le calme attendu et si désiré aura succédé à cette effroyable tempête. Mais ce qui concerne le Concile était plutôt annoncé qu'entrevu, et rentre dans l'ordre des prédictions, dont je ne veux pas m'occuper.

Vous voyez maintenant, cher Monsieur, si j'ai des raisons d'espérer. Tout ce que l'on entrevoyait de menaçant pour la France s'est réalisé, et je ne croirais pas à ce que l'on entrevoyait de favorable pour elle quand j'ai pu suivre pas à pas le mouvement de régénération que l'on ne m'avait pas annoncé, mais qui justifiait les plus heureuses prévisions et les plus hautes espérances ! Et pourtant, je ne vous ai donné qu'une partie de mes motifs, ceux qui me sont en quelque sorte personnels, et que je n'oblige personne à partager. J'ai dû vous les donner pour répondre à la demande que vous m'aviez faite ; mais il en est d'autres que vous ne pouvez vous dispenser d'admettre, si vous ne voulez vous séparer de la pensée commune et du sentiment général des chrétiens.

III.

Il est impossible que vous n'ayez pas constaté depuis longtemps que dans le monde entier on attend pour notre époque des événements qui donneront à l'Église la victoire sur ses ennemis. Quand même les témoignages n'en auraient pas été multipliés pour

vous comme ils l'ont été pour moi, vous n'avez pu les
ignorer, et certainement le mot de triomphe, qui a été
si souvent employé, n'a plus rien de nouveau pour
vous; loin de là. D'où vient cette persuasion générale,
je n'ai pas à le rechercher; il suffit pour moi qu'elle
existe et qu'elle ait pour organes les voix les plus res-
pectables de l'Église. Je n'irai donc pas rechercher
dans le passé ce qu'ont dit tant de fois à cet égard
des hommes qui ont tout droit à être écoutés; mais
vous avez pu être frappé de voir qu'au milieu des
tribulations qui nous accablent, le langage de ceux
qui sont nos guides affirme toujours plus hautement ce que j'appelle nos espérances. N'avez-vous pas
entendu le mois dernier les évêques de la haute Italie,
s'adressant en commun au Souverain-Pontife pour
lui offrir leurs condoléances, lui dire qu'ils sont ferme-
ment persuadés que Dieu « ne tardera pas » à le délivrer de ses douloureuses épreuves et qu'ils n'auront
« bientôt » plus que des actions de grâces à rendre au
Tout-Puissant au lieu des humbles supplications qu'ils
lui adressent; « que s'il était nécessaire, ajoutent-ils,
qu'un ange envoyé par le Seigneur vînt du ciel pour
vous délivrer, le Père de la justice et de la miséricorde
infinies l'enverrait comme il l'envoya jadis au Prince
des Apôtres, votre prédécesseur, et il opérerait quelque autre de ces prodiges que, même en des temps
plus rapprochés de nous, il a accompli pour la délivrance et le salut de ses Pontifes (1). » Et le Chef de
l'Eglise leur répond en les engageant à continuer de

(1) *Courrier de Lyon*, du 7 janvier 1871.

prier et de faire prier, « certains que plus la tempête
excitée contre l'Eglise par les portes de l'enfer a été
terrible, plus la victoire sera splendide et le calme admirable (1). »

En même temps, il écrit aux catholiques de Marseille : «... Le moment viendra *bientôt* où le Dieu de
consolation mettra un terme à tous vos malheurs et
vous rendra ces jours de tranquillité et de paix que
nous avons instamment demandés à D'eu et que nous
ne cesserons jamais de lui demander (2). »

Voilà bien cette persuasion intime dont je vous
parlais, cette attente d'événements extraordinaires et
prochains, exprimée non pas par de simples fidèles et
par quelques personnes pieuses, mais très-publique-
ment par les plus hautes autorités qui aient droit de
parler dans l'Eglise et au nom de l'Eglise. Quel est
donc le catholique qui pourrait ne pas tenir compte
de tels témoignages, et qui préférerait s'isoler pour ne
pas espérer avec le monde chrétien tout entier?

Vous ne me direz certainement pas que tout ceci ne
concerne que l'Église, et qu'il n'y est pas question de
la France, car vous savez parfaitement que si jamais
la cause de l'Église peut se confondre avec celle de la
France, c'est surtout aujourd'hui, que l'Église ne peut
triompher si la paix ne lui est rendue, et qu'il n'y aura
jamais de paix pour elle tant que la France sera dominée par la Révolution ou par des puissances héré-

(1) Bref du 12 décembre 1870. *Ibid.*
(2) Bref aux catholiques de Marseille, cité dans la *Décentra-*
lisation du 21 janvier.

tiques. Et, du reste, comme l'Église n'est pas concen-
trée à Rome, ni même en Italie, la paix rendue à
l'Église c'est la paix rendue au monde, ou du moins
à l'Europe. Eh bien, je puis constater aussi que les
événements attendus depuis longtemps, sont des événements qui doivent rendre la paix aux nations comme
à la société spirituelle. Dès l'année 1850 ou 51, le Cardinal Vicaire de Rome, dans un acte public de son
ministère, se faisait l'interprète de cette attente générale en des termes très-explicites et très-remarqua-
bles (1). Nous la trouvons même exprimée en dehors
du catholicisme.

Jusqu'au sein de la nébuleuse et sceptique Allemagne, une voix s'était élevée, saluant ces événements
heureux à la suite desquels les peuples se réuniront
dans les temples pour rendre au ciel leurs actions de
grâces ; « et les candélabres qui éclaireront la céré-
monie seront faits du bronze des canons qui auront
servi à la victoire. » Je ne fais que vous citer ici les
paroles d'un savant protestant, le professeur Léo.
Mieux inspiré que tous nos habiles, qui attendent leur
salut et la paix de la convocation d'une assemblée dé-
libérante, il appelait dès lors de tous ses vœux le jour
où il verrait surgir un homme doué d'intelligence et
de force : « Un prince intelligent et fort, s'écriait-il,
ce premier besoin de notre siècle, tous les chrétiens

(1) Mandement invitant les fidèles de Rome à suivre les
exercices de la neuvaine préparatoire à la fête de l'Imma-
culée Conception.

devraient le demander à deux genoux, le front courbé
dans la poussière ! » Puissent nos catholiques à la fin
comprendre qu'une prière ainsi faite aurait plus d'ef-
ficacité qu'un vote émané de la souveraineté populaire !

Et comment expliquerez-vous cette sorte de convic-
tion profonde qui se révèle partout à travers nos
désastres, et qui nous dit que malgré tout la France
ne périra pas? Vraiment je suis émerveillé d'entendre
des journaux jusqu'ici peu chrétiens nous dire que
« Dieu aime la France, » et que Celui qui a suscité
Jeanne d'Arc pour la délivrer, en des jours même plus
tristes et plus mauvais, lui suscitera encore un libérateur. Il y a là deux choses, et vous les verrez comme
moi avec plus de plaisir que d'étonnement : une espérance qui repose en définitive sur ce sentiment géré-
ralement répandu que nous touchons à des événements
extraordinaires ; en second lieu, l'indice précieux d'un
changement moral qui doit être le prélude nécessaire
de l'intervention divine en notre faveur. Ce changement s'est accusé déjà dans plusieurs journaux tels
que l'*Opinion nationale* et le *Constitutionnel*, et ils ne
sont pas les seuls dont je pourrais citer les noms ;
mais il en est un qui m'arrive au moment même où je
vous écris, et qui, après avoir servi la Révolution à sa
manière, la répudie aujourd'hui en des termes qui ne
laissent rien à désirer. Voici ce que dit la *Patrie :*

« Nous assistons au dernier acte de la Révolution
française : il est lamentable.

» La société sortie de la Révolution, imprégnée de

ses principes, achève en ce moment de faire ses preuves de langueur et de stérilité. Puissent les dernières scènes du drame qui vont se précipiter, ne pas nous apporter, comme surcroît à l'accablante douleur de la défaite par l'étranger, quelque parodie de la terreur, l'humiliant spectacle des convulsions d'une démagogie expirante !

» Il faut tout prévoir ; mais, quoi qu'il advienne, nous sentons que la France ne périra pas. Nous ne dirons point, en retournant le mot du poëte : Si la France eût pu être sauvée, ce n'est pas par de telles mains qu'elle eût été sauvée ; nous dirons : Par delà les ruines, par delà les deuils, par delà les expiations qui nous accablent, le vieux génie français reprendra son essor. France et Révolution ne sont pas deux choses indissolublement unies, et si nous voyons sombrer la France de Robespierre et de Napoléon, nous attendrons avec foi le réveil de la vieille France, celle de saint Louis et de Henri IV (1). »

IV.

Je vous ai dit que ceux qui avaient prévu très-clairement les catastrophes actuelles, ne doutaient pas le moins du monde qu'après un temps d'épreuves assez court nous entrerions dans une ère de paix et de sécu-

____

(1) *Patrie*, citée par la *Décentralisation* du 18 janvier.

rité où nous jouirions enfin des conditions de l'ordre.
Ce que l'on entrevoyait, ce que l'on espérait pour l'É-
glise, on l'entrevoyait, on l'espérait pour la France ;
jamais la cause de l'une n'est apparue comme séparée
de la cause de l'autre ; à vrai dire, je crois que l'on
regardait le triomphe de l'Église comme lié aux événements qui marqueraient la résurrection de la France
et sa victoire définitive sur ses ennemis. Avouez que
l'on n'avait pas tout-à-fait tort, puisqu'aujourd'hui
même la pensée de ceux qui se préoccupent avant
tout de la situation de l'Église est qu'elle se relèvera
par la France, ce qui suppose un rôle glorieux encore
pour notre nation, rôle qui appellera sur elle de nouvelles prospérités et de nouvelles bénédictions.

Il y a cependant une chose qui n'était point prévue
et c'est celle qui est la plus propre à grandir et à con-
firmer nos espérances : on entrevoyait les calamités
qui nous menaçaient et que nous subissions, simplement comme la conséquence de nos révolutions ; mais
ces calamités et ces humiliations, que beaucoup de
personnes ne regardent encore que comme le juste
châtiment de nos crimes, se présentent aussi sous un
aspect bien plus consolant qu'on ne l'avait pensé, et
elles ont des causes qui seront pour nous une source
de mérites et un principe de grandeur. Veuillez bien
croire ceci : la France est aujourd'hui écrasée, elle est
victime d'ignobles trahisons, elle est abandonnée de
toutes les puissances, parce qu'en définitive elle est
une nation profondément catholique, dévouée au
Saint-Siége et toujours prête à le soutenir ; tous les

coups dont on nous frappe sont des coups destinés à abattre la puissance de l'Église et à l'empêcher de se relever.

Ceci vous étonne et c'est bien en effet ce qui n'avait pas été prévu, ce qui eût paru étonnant si on l'eût dit il y a un quart de siècle aux hommes les plus perspicaces. Mais n'avez-vous pas entendu une parole qui aurait été prononcée par une bouche auguste, il y a déjà plusieurs mois, et qui a été recueillie avec plus de respect que de surprise ? Le sens de cette parole est que les désastres que subit la France depuis le commencement d'août ne sont pas tant un châtiment qu'une épreuve. Je me souviens que, dès nos premières défaites, notre situation fut envisagée à Rome non-seulement avec douleur et avec une juste appréhension, mais encore avec cette sorte de sympathie religieuse que l'on accorde à ceux qui souffrent pour la cause de la justice ; on était persuadé que la France, épurée par la tribulation, « régénérée dans son propre sang, recueillerait ensuite la récompense de ses vertus. » Je me hâte donc de vous prouver ce que je viens de vous dire du véritable caractère des événements actuels et des hautes espérances qu'il autorise.

L'abandon dans lequel est laissée la France est tout à fait inexplicable au seul point de vue de la politique. Si l'on parle de la politique de principes, il est évident qu'il n'y a ici en jeu aucun des principes avoués jusqu'à présent, car ce n'est pas pour combattre la Révolution que l'on nous fait cette guerre de brigandage en soutenant l'Italie révolutionnée et en cherchant à confisquer le bénéfice de la révolution espagnole. Si l'on parle de la politique des intérêts, il sera encore plus difficile de faire comprendre comment l'Europe assiste impassible aux envahissements sans bornes d'une puissance insolente et brutale qui est un péril permanent pour tous les États ; déjà les questions qui s'élèvent sur divers points démontrent que la paix et la sécurité générales sont grandement intéressées à ce que la France ne soit pas annihilée ou trop affaiblie, et à ce qu'elle constitue un contrepoids dont l'Europe a le plus grand besoin contre les ambitions des puissances du Nord. Quand donc M. de Bismark vient dire, dans l'entraînement d'une conversation qui restera consignée, que « la politique de l'Allemagne, comme celle de toute l'Europe, doit avoir pour *but d'amoindrir le plus possible et de ruiner la France*, afin de la mettre pour longtemps hors d'état de troubler la paix générale, » il ne faut le croire que dans une partie de ce qu'il dit et n'accepter ses paroles que comme une révélation du plan ourdi contre la France.

Le renversement des puissances catholiques, pour ôter à l'Eglise tout appui naturel, tout moyen de relever sa propre puissance et de reconquérir sa liberté, voilà quel est aujourd'hui le plan de l'impiété, personnifiée dans la Révolution et les sociétés secrètes ; et ce plan a trouvé des complices dans la diplomatie et dans toutes les cours. Que l'on explique autrement, si on le peut, la liberté laissée aux puissances hérétiques ou révolutionnaires de s'étendre autant qu'il leur plaît et de s'annexer tout ce qui est à leur portée, tandis que l'Autriche était obligée de s'arrêter sans retirer aucun profit de ses victoires sur Charles-Albert dans les deux guerres de Lombardie, et sur Victor-Emmanuel dans cette dernière campagne où elle abandonnait si gratuitement la Vénétie. Trois fois attaquée par le Piémont sans provocation aucune, sans aucuns préparatifs menaçants de sa part, c'était bien elle qui pouvait invoquer les arguments qu'invoque aujourd'hui M. de Bismark avec tant de bonne foi, pour s'emparer du territoire d'un injuste agresseur et mettre pour longtemps son ennemi dans l'impossibilité de lui nuire. Mais vos diplomates francs-maçons n'admettent pas que de tels arguments soient valables quand ils peuvent servir à des puissances catholiques; pour celles-ci on exige d'elles la pratique du conseil de l'Évangile : « Donnez encore votre tunique à celui qui veut vous enlever votre manteau, » et on leur ménagera l'occasion de se dépouiller ainsi jusqu'à ce qu'il ne leur reste plus rien. Si la France a pu s'annexer Nice et la Savoie, c'est qu'il était permis de la considérer comme puissance révolutionnaire, en raison du gouvernement corrupteur dont elle paraissait si bien s'accommoder, et surtout en raison de la guerre impie qu'elle venait de porter dans la Péninsule au profit du principal ennemi de l'Église.

C'est en réalité à l'abaissement des puissances catholiques par la Révolution, par la guerre et par la corruption, que l'homme de Sedan a travaillé pendant tout son règne avec l'appui des sociétés secrètes, et c'est le succès obtenu dans cette voie que M. de Bis-

mark appelle l'affaissement des races latines. C'est la
continuation et l'achèvement de ce travail que la
Prusse a entrepris. Le roi Guillaume était digne de
succéder dans cette noble tâche à son ami et complice
de Wilhemshôhe, digne de prendre le titre que l'autre
venait d'être forcé de quitter; empereur protestant
s'allie très-bien aux prétentions du droit divin chez
un dignitaire de la franc-maçonnerie. La Prusse était
bien aussi la nation qui pouvait le mieux servir les
haines de l'impiété contre la fille aînée de l'Église. Issue de la criminelle politique de la France à l'égard de
l'Allemagne, elle devait naturellement s'armer contre
la France, comme le crime toujours se retourne contre
celui qui le commet; fondée dans l'intérêt du protestantisme, il était dans sa destinée de combattre les
puissances catholiques aussi longtemps qu'il en reste-
rait une debout; agrandie par une série de spoliations, de ruses et de violences, elle se trouvait naturellement liée à la cause de la Révolution comme le sont
tous ceux qui ont entre les mains le bien mal acquis.
Voilà en réalité la grande mission de la Prusse, cette
mission à laquelle elle croit avec superstition, dont elle
se vante avec orgueil, mission de colère et de justice
qu'elle ne comprend pas et qu'elle accomplit avec une
sauvagerie féroce, sans se douter de la gloire et du
mérite qu'elle procure à la France, de souffrir pour la
cause de la vérité catholique et de la Papauté, en
même temps qu'elle expie les fautes de sa politique et
les abus de son influence dans le monde.

En somme, il reste acquis ceci : c'est que la cause

la plus réelle de la guerre qui nous est faite et dans laquelle nos ennemis peuvent tout se permettre sans que l'Europe intervienne, c'est que nous sommes encore une puissance catholique, malgré les dispositions personnelles de ceux qui nous gouvernent; et parce que nous sommes la dernière des puissances catholiques, toujours prêts à nous armer pour la défense de l'Église et de son Chef, la Révolution européenne tout entière s'est liguée contre nous. Que l'on cherche, si l'on veut, une autre explication non pas plausible, mais possible, à cette sympathie universelle des révolutionnaires pour la Prusse dès le premier moment, on n'en trouvera pas, pas plus qu'à l'incroyable incurie du gouvernement français depuis quatre ans, en face de ces préparatifs prussiens que lui dénonçaient le colonel Stoffel et le général Ducrot, pas plus qu'aux événements de Sedan et à la conduite de Bazaine, pas plus qu'à notre politique antérieure à l'égard de l'Autriche, de la Prusse et de l'Italie. Tout cela c'est la même politique : abattre ce qui est catholique, fortifier et grandir ce qui est naturellement ennemi de l'Église. Toutes les raisons que peut apporter la Prusse pour justifier ses préparatifs antérieurs et ses exigences territoriales à notre égard ne sont pas plus sincères que les intentions qu'on lui prêtait au premier jour : de renverser un homme et une dynastie qu'elle méprisait, et qu'elle nous réserve aujourd'hui comme une menace, disons mieux comme le complément de sa politique à notre endroit : pour achever de ruiner la France après l'avoir amoindrie, il n'y a pas de meilleur moyen que de lui imposer l'homme de Sedan ; ce serait se donner en même temps la jouissance de l'avilir et de lui préparer de nouvelles corruptions.

Dites-moi, cher Monsieur, si je puis juger autrement ce qui se passe, ce que j'ai vu et ce que j'entends, car je veux avant tout ne me faire aucune illusion ; je répudie d'avance toute consolation pour le présent, toute espérance pour l'avenir qui ne serait pas fondée sur des motifs sérieux et acceptables. En dehors de l'explication que je vous donne, tout n'est qu'obscurités, énigmes et mystères ; or, en ce qui dépend de la liberté de l'homme, je n'admets pas de mystères, encore bien qu'il y ait dans la sagesse de l'Église, comme dans la perversité de ses ennemis, des profondeurs parfois insondables. Ce que je vous ai dit touche de près à ces profondeurs ; mais, grâce à l'étude que j'ai pu faire de la Révolution depuis une quarantaine d'années, je ne vois rien là que de très-naturel, que de parfaitement conforme à ce que je sais de son caractère, de ses tendances et de ses plans. Il me semble que si je m'appelais Mazzini, Bonaparte ou Guillaume, je ne pourrais pas agir autrement pour arriver à mon but, l'anéantissement de l'Église et l'extermination des puissances qui s'obstinent à rester catholiques ; car, croyez-le bien, c'est là le but de la Révolution, et il fallait toute l'ineptie du parti catholique libéral pour y donner si facilement les mains en proclamant l'égalité de droits entre l'erreur et la vérité.

J'avais donc de fortes raisons pour vous dire que si la France, indignement trahie, est aujourd'hui abandonnée de toutes les nations, livrée sans merci aux fureurs sauvages que les hordes hérétiques ont en tout temps montrées contre l'Église, si ses ennemis ont juré sa ruine et s'acharnent contre elle avec cette rage de détruire qui est le caractère et le dernier terme de la Révolution, c'est parce qu'elle est, malgré tous ses écarts, demeurée la nation très-chrétienne et la dernière des puissances disposées à soutenir la Papauté. Laissez-moi jouir des consolations que me donne cette pensée, au milieu des calamités qui fondent sur nous et qui ne laissent plus aucune famille exempte de sacrifices et d'alarmes. Et pourquoi même n'irions-nous pas jusqu'à nous réjouir quand il devient si évident que c'est pour la justice que nous souffrons ? Avons-nous donc entendu en vain la parole qui nous y invite et qui nous répète que c'est alors que nous sommes heureux ? Oui, croyons-le bien et redisons-le à ceux qui souffrent avec nous et qui ont le bonheur de comprendre : Les privations sans nombre, les fatigues, l'héroïsme et la mort de nos proches, les gémissements de nos captifs et l'incendie de nos habitations, tout cela s'élève vers le ciel comme le sacrifice d'expiation et aussi comme le sang des martyrs ; éprouvé par le feu de la tribulation, l'or que nous offrons à la justice et qui acquitte notre dette se trouve transformé en trésor de mérites qui appellent sur nous de magnifiques bénédictions. Associés à toutes les épreuves de l'Église, livrés à nos ennemis par les mêmes mains qui l'ont livrée aux siens, identifiés avec elle autant qu'une nation peut avoir le bonheur de l'être, nous ne pouvons qu'avoir part aux promesses qui lui sont faites. Le libérateur qu'elle attend bientôt sera le nôtre; le triomphe qui lui est annoncé sera notre triomphe, et tout nous porte à penser que ce sera le nôtre qui deviendra le sien.

Pour ne pas me dire cela, cher Monsieur, il faut que je renonce ou à ma foi qui m'oblige à me regarder comme heureux quand je souffre pour la justice, ou à ma raison qui me démontre que la France est livrée aux fureurs de ses ennemis parce qu'elle est trop amie de l'Église.

V.

Vos exigences ne s'arrêtent pas, et vous voudriez savoir maintenant quels seront les caractères et les instruments de ce triomphe de la vérité, de la justice et de la civilisation chrétienne, c'est-à dire de l'Église et de la France. J'ai intitulé *Présages* la réponse un peu longue que je vous ai adressée, et ce titre m'oblige encore envers vous, puisque je retrouve dans le passé de quoi fortifier les espérances auxquelles nous devons nous rattacher.

Il y a vingt ans que la *Civiltà cattolica*, inaugurant par un article de Revue la seconde année de sa publication, relevait ce qui avait été dit sur les caractères de ce triomphe par un de nos journaux de province.

Dès cette époque, on pouvait entrevoir ce qui se préparait; déjà l'on avait signalé ce double mouvement de concentration et de dilatation qui s'opérait au sein du catholicisme par le retour vers Rome et par l'expansion nouvelle de l'œuvre des missions. Au milieu de toutes les utopies libérales où tant de catholiques marchaient alors à côté des révolutionnaires, on espérait ce qui déjà est arrivé en partie, mais se réalisera plus complétement, que l'Église verrait se briser les entraves qui gênaient sa liberté d'action et son gouvernement intérieur; d'autre part les développements qu'avait acquis l'œuvre de la propagation de l'Évangile dans le monde, n'apparaissaient que comme le prélude d'une plus grande extension déjà aussi réalisée maintenant, quoique bien inférieure encore à ce qu'elle sera dans un prochain avenir. Ce que l'on ne faisait que présumer alors, peut aujourd'hui s'affirmer. Quand le souffle de la justice qui se fait si terriblement sentir aura passé sur la terre et emporté les éléments qui attirent la malédiction sur elle, le règne de la miséricorde appelé et attendu par les chrétiens nous ramènera la paix. Mais la paix ne peut exister pour l'Église que par l'accord et le concours des deux puissances. Dans les premiers moments au moins d'une alliance nouvelle et au lendemain des plus douloureuses épreuves, la défiance et les préventions anciennes sont écartées; le dogme de l'infaillibilité du Pontife comme docteur universel conciliera au Chef de l'Église plus de respect et de confiance en ce qui est de la discipline et du gouvernement; les pouvoirs

séculiers ne regarderont plus comme des avantages
pour eux les concessions qu'ils pourraient lui arracher; comme gage de réconciliation et de dévouement, ils s'empresseront de lui rendre tout ce
qu'ils avaient jugé à propos de lui demander dans
l'intérêt, non de leurs peuples, mais de leur propre
dignité trop mal comprise ; et en même temps qu'ils la
remettront en pleine possession de sa liberté, ils lui
assureront leur appui pour faire respecter la personne
des ouvriers évangéliques en tous les lieux où pourra
se faire sentir la puissance de leurs armes. Ce que je
vous dis là n'est que l'interprétation la plus simple
des dispositions où seront tout naturellement les
princes qui sentiront le besoin de s'entendre avec
l'Église pour rendre leur autorité respectable aux
yeux des peuples; et il y en aura, soyez-en sûr, si
nous devons avoir encore quelques jours de paix et
d'ordre politique. C'est ainsi que se réalisera ce
qui a été dit il y a vingt ans, que le triomphe
attendu pour l'Église aurait lieu par la rupture
des liens qui entravaient sa liberté d'action et par
une plus grande diffusion de sa doctrine dans le
monde.

On ajoutait que ce triomphe de l'Église se manifes-
terait par l'exaltation des nations qui l'ont servie, et
par l'abaissement des nations qui l'ont persécutée.
Les épreuves que subit aujourd'hui la France et qui
seront pour elle une épuration salutaire ne font
qu'ajouter aux raisons que l'on avait alors d'espérer
un rôle glorieux pour notre nation. Mais quelles sont

les autres, me direz-vous, qui ont servi l'Église et qui auraient lieu d'attendre quelque bénéfice des événements entrevus dans un prochain avenir ? Où donc la Révolution ne s'est-elle pas implantée et n'a-t-elle pas conduit les gouvernements à l'apostasie et à la persécution plus ou moins violente, plus ou moins hypocrite ? — Ne soyons pas trop exigeants et trop sévères. Sachons tenir compte de ce qui pèse le plus dans la balance de la miséricorde divine, des mérites des justes. Au milieu même de ces révolutions qui ont bouleversé les nations les plus catholiques, elles ont conservé la foi, ce qui est déjà servir l'Église ; ce qui était bon parmi elles est devenu meilleur ; les actes de dévouement chrétien se sont multipliés ; d'énergiques et nombreuses protestations se sont élevées en faveur de la vérité ; les éléments de bien, aujourd'hui plus intelligents et plus forts, présentent un point d'appui plus sûr aux pouvoirs qui auront la volonté de rentrer dans les voies de la justice et de l'ordre. Et ce que je vous dis ici n'est que l'indication très-abrégée de ce qui se passe depuis quelques années en Espagne, en Italie et dans l'Allemagne catholique. Enfin un dernier motif d'espérance qui résulte des intentions bien connues de la Prusse, et dont elle se vante elle-même, c'est que la guerre actuelle doit, selon nos ennemis, prouver la supériorité des nations protestantes sur les nations catholiques, et constater l'abaissement définitif de celles-ci. Or, croyez-vous que cette prétention impie et grossièrement injuste ne sera pas confondue ? Le Dieu de vérité ne se laissera pas ainsi insulter par ces révoltés partisans de l'erreur, et l'auguste Vierge, dont le talon a brisé toutes les hérésies, ne souffrira pas que les derniers hérétiques viennent ainsi humilier l'Église au moment où elle en reçoit de nouveaux honneurs. Leur prétendue supériorité morale est aujourd'hui connue, et ce n'est pas en vain que nos officiers et nos soldats seront allés en Allemagne en ressentir les gracieux et bienfaisants effets. Ils ne croyaient pas assez à la supériorité du catholicisme; ils ne se doutaient pas du tout de ce qu'ils lui devaient; et voilà que la Providence, leur donnant la sévère leçon dont ils avaient besoin, les a conduits au sein même du protestantisme pour leur mettre sous les yeux le spectacle de ce peuple d'esclaves qui s'est abruti en buvant à la coupe de l'erreur. N'avez-vous pas lu de ces lettres où je vois répétées à peu près textuellement les mêmes phrases : « Il faut être ici pour voir ce que le protestantisme a pu faire d'un peuple naturellement bon. Au point de vue de la civilisation, de l'honnêteté, de l'urbanité et de la moralité, les Prussiens commencent là où nous finissons, en sorte que ce qui est pour nous le bas de l'échelle est le haut pour eux. » Ce n'est pas du tout le langage que tenaient les mêmes hommes pendant les campagnes d'Italie, où ils avaient eu le temps de se mêler quelque peu à la population. Croyez-le bien, ces leçons ne demeureront pas sans profit, et elles aideront singulièrement à faire accepter et seconder l'action d'un gouvernement catholique, le jour où la Providence aura fait justice des gouvernements athées et révolutionnaires qui oppriment l'Église, et sont la ruine morale et matérielle des peuples.

Je pourrais vous dire que ce jour n'est pas loin, et que nous en avons d'heureux présages dans certaines dispositions qui apparaissent d'une manière bien visible ; mais nous toucherions ici à un point sur lequel je ne veux pas m'arrêter sans faire quelques réserves pour ceux qui n'ont pas la prétention d'être initiés aux secrets de la Providence et pour ceux qui croient trop facilement les connaître. La question est de savoir si les éléments de ce retour des nations au catholicisme étant déjà visiblement préparés, les instruments qui doivent le déterminer apparaissent quelque part et sont suffisamment aptes à une telle œuvre.

VI.

Je dois vous dire d'abord que la question ainsi posée n'a pas pour moi l'importance et l'intérêt qu'elle a pour bien d'autres, pour ceux surtout qui la réduisent à une simple question de personnes. Je sais parfaitement que ce n'est pas d'ordinaire par le suffrage universel ni par le vote des assemblées délibérantes que Dieu sauve les sociétés et qu'il les relève de leur abaissement. Quand elles ont mérité d'être sauvées, il leur envoie ou il suscite au milieu d'elles un homme qu'il revêt de force, de sagesse et de confiance et vers lequel il incline les volontés. Je vous ai déjà dit ma pensée à cet égard et je n'ai pas de raisons de croire que la Providence agisse cette fois par d'autres moyens; j'en aurais plutôt pour affirmer le contraire, attendu que nous avons plus que jamais besoin d'être guéris de notre vaine confiance à de tels remèdes et d'être ramenés au respect du principe d'autorité. Mais le point capital pour moi n'est pas de savoir si Dieu nous a préparé ce moyen de salut et où il l'a placé, c'est de savoir si nous avons fait de notre côté ce qu'il fallait pour mériter d'être sauvés et si les indices de retour apparaissent au milieu de nous, parce que je suis certain que lorsque nous serons suffisamment préparés, nous trouverons Dieu tout prêt et que le choix des moyens ne l'arrêtera pas. Il n'a besoin d'aucun homme désigné d'avance et il rend, en un moment, apte qui il veut à l'exécution de ses desseins.

Toutefois, Dieu ne multiplie pas sans raison les prodiges et il respecte lui-même l'ordre naturel qu'il a établi et qu'il nous ordonne de respecter. De plus, il veut bien parfois rendre visibles à nos yeux les moyens qu'il tient en réserve pour nous sauver et qui demeurent pour ainsi dire entre lui et nous comme des gages de la disposition où il est de renouer l'alliance que nous avons rompue, dès le jour où nous voudrons nous rallier à lui.

Si donc il y a quelque part des hommes qui nous présentent ce caractère, quelque indifférent que l'on soit aux questions de personnes, il faut bien reconnaître que c'est là un indice de plus à ajouter à ceux

que peut présenter d'autre part la société comme
motifs d'espérance, et cet indice, que je ne voudrais
pas appeler un présage tant qu'il est seul, peut bien
prendre ce nom du moment où il est joint à d'autres.

Eh bien maintenant, je vous dirai très-franche-
ment et sans détour qu'il faut être étrangement pré-
venu pour se refuser à voir, au sein des nations
catholiques les plus travaillées par la Révolution, des
hommes qui par leur caractère et leurs dispositions
bien connues, semblent être les instruments préparés
et tenus en réserve par la Providence pour sauver ces
nations latines qu'insulte aujourd'hui le protestantisme et pour les relever par une alliance nouvelle
avec Dieu et son Église. Et chose singulière qui aug-
mentera peut-être pour moi la difficulté de vous faire
entendre raison sur ce point, tous ces hommes dont la
foi religieuse tranche d'une manière si éclatante au
milieu de la défection générale des princes de l'Europe, appartiennent à la même famille, à cette même
famille des Bourbons à laquelle tant d'hommes religieux adressaient de si sévères reproches et accordaient
si peu de sympathies. Il y a là un problème que je vous
prie d'aborder avec cette complète absence de préventions que je voudrais toujours rencontrer dès qu'il
s'agit d'une question sérieuse.

Les reproches que l'on peut faire aux différentes
branches de la maison de Bourbon qui ont régné en
France, en Espagne et en Italie ne sont que trop fondés et je ne chercherai pas à les atténuer; mais aussi
je demanderai qu'on ne les exagère pas au profit d'un

certain esprit démocratique et frondeur qui est un des
caractères de notre époque et contre lequel on n'a pas
mis assez en garde les catholiques. A part cette
branche ambitieuse que nous appelons en France la
branche cadette, et qui paraît enfin comprendre la nécessité de faire oublier son long et triste passé, il restera
à dire de la maison de Bourbon ceci : qu'on se place
aujourd'hui pour la juger à un point de vue très-
faux, en la supposant aussi absolue dans ses actes du
dernier siècle, que le pouvoir l'est devenu en France à
la suite de nos révolutions. On fait peser sur elle uniquement une responsabilité que d'autres partagent
avec elle dans une mesure que Dieu seul connaît, mais
qui paraît effrayante quand on songe à ce qu'étaient
à cette époque les hautes classes, c'est-à-dire la noblesse et le clergé, appuis naturels et éléments modérateurs de la monarchie catholique. Que nos soi-di-
sant penseurs chrétiens, que nos austères philosophes
veulent bien y réfléchir avant de prononcer doctora-
lement leurs condamnations sans appel ; qu'ils entrent
un peu plus avant dans l'examen des faits et ils trouveront peut-être que ces Bourbons, à commencer par
celui qui les offusque le plus, par Louis XIV, valaient
au moins leur entourage de grands seigneurs et de
prélats courtisans. Ce que l'on sera forcé en tout cas
d'affirmer, c'est que les fautes dont ils se sont rendus
coupables leur sont beaucoup moins personnelles que
ne le sont à la dynastie napoléonienne ces attentats
et ces crimes qui n'ont eu pour mobile que l'ambition
et l'impiété de leurs auteurs.

Aussi voyez quels signes de miséricorde et de gloire sont advenus à la maison de Bourbon. Ce n'est pas moi qui vous dirai, en m'appuyant sur une simple opinion, que la mort de Louis XVI n'a pas été seulement une expiation, mais qu'elle a eu les caractères du martyre; c'est le Chef de l'Église lui-même, c'est Pie VI qui l'énonce et l'expose dans une admirable allocution adressée au Sacré Collége aussitôt après la consommation de l'acte révolutionnaire. Lisez cette allocution que la presse catholique a publiée il y a quelques années, et peut-être penserez-vous que Dieu n'a pas abandonné une famille à laquelle il a fait une telle grâce dans la personne de son Chef; peut-être vous direz-vous qu'une telle mort est le premier gage de la réconciliation qui se consommera entre la miséricorde et la justice; en attendant, laissons au lieu de l'expiation le nom que la Révolution lui a donné.

Veuillez bien tenir compte aussi à la famille de Bourbon d'un titre qui lui est tout spécialement acquis depuis un siècle. Connaissez-vous au monde une famille qui soit honorée comme elle de la haine des révolutionnaires et des sociétés secrètes? Les fautes qu'on lui a fait commettre n'ont pu être pour elle une garantie suffisante aux yeux de ceux qui voulaient la perdre et l'expulser de tous les trônes; il semble que l'on ait pris à tâche de lui faire entendre que ce serait en vain qu'elle voudrait transiger avec les révolutions, et que jamais les représentants de la franc-maçonnerie, les héritiers du Temple ne pactiseront avec les descendants de saint Louis. On ne peut pardonner qu'à ceux de ses membres qui font acte explicite de révolte ou qui en revendiquent le bénéfice.

Je ne sais quelle explication vous donnerez à cette antipathie universellement vouée par le parti révolutionnaire à une seule et même famille, mais comme ce parti ne se trompe guère dans ses préférences et dans ses haines, je ne puis comprendre la prévention des honnêtes gens que la seule observation d'un fait aussi simple ne peut éclairer.

Et remarquez du reste que nulle famille n'a mieux profité de l'expérience et mieux compris les leçons données par la Révolution. Vous avez lu dans le temps la lettre si profondément chrétienne écrite au Souverain Pontife par la duchesse de Parme dès le moment où la mort de son mari la laissait seule chargée des affaires de l'État. Il serait difficile au catholique le plus exigeant de ne pas se montrer satisfait de la ligne de conduite suivie par cette noble princesse dans ses rapports avec l'Église et en tout ce qui est des intérêts religieux et moraux de ses sujets. Pour ce qui est des Bourbons de Naples, vous connaissez assez les actes et surtout les dispositions personnelles des deux derniers rois pour que je puisse me dispenser de vous parler de la sincérité de leur attachement à la foi et de leur dévouement au Saint-Siége. Quant à l'Espagne, le prince qui revendique aujourd'hui le trône de ses aïeux nous a montré plus d'une fois déjà ce que l'on peut attendre de l'élévation de ses sentiment et de son caractère. La magnifique lettre qu'il écrivait à son frère Alphonse, et qui a été son premier manifeste, a fait admirer à l'Europe chrétienne un langage qu'elle ne connaissait plus depuis longtemps et a révélé un esprit politique plein de sagacité, de justesse et d'élévation. Sa protestation récente contre l'usurpation nouvelle de la maison de Savoie porte l'empreinte du même caractère ; il n'y a pas à la relever autrement. Un acte que l'on peut déjà citer de lui l'honorera infiniment : c'est celui par lequel il n'a pas craint de se priver de l'appui de l'homme qui porte le plus beau nom militaire, plutôt que de prendre des engagements contraires à ses devoirs de roi et à sa foi de chrétien. Non, certes, ce n'est pas là l'acte d'un prince dont la cause est abandonnée du Ciel.

Je ne puis maintenant, malgré le désir que j'ai d'éviter les questions de personnes, me dispenser de vous parler du chef actuel de cette maison de Bourbon qui, honorée de la haine de tous les révolutionnaires devrait, ce semble, avoir pour elle les sympathies de tout ce qui est ou se croit ennemi de la Révolution. Vous voulez, sans doute, que je vous dise ce que la France en peut attendre ; je ne vous le dirai pas de moi-même, je vous ferai connaître ou vous rappellerai ce que d'autres en ont auguré, et ce sera à vous à voir si les voix qui ont parlé ont quelque valeur et si elles méritent d'être écoutées.

Aujourd'hui que je vois tant de personnes rechercher et citer avec trop de confiance ce qui peut avoir

été prédit de notre époque, je remettrai sous vos yeux
un document qui me paraît bien au-dessus de tout ce
que l'on nous donne sous le nom de prophétie, parce
que ni l'authenticité, ni l'identité, ni l'interprétation ne
peuvent donner lieu à la moindre difficulté. C'est un
passage de la Conférence de Mgr Frayssinous, intitulée
Craintes et espérances de l'Église. Parlant en public et
devant la cour, l'année même qui a suivi celle de la
naissance du comte de Chambord, il constate un fait
qui n'était point flatteur pour le gouvernement de
Louis XVIII : c'est que l'on était profondément persuadé que le prince qui naîtrait serait un jour le sauveur de la France. Les paroles de l'éminent prélat
sont des plus remarquables à tous égards :

« Le ciel avait mis dans le cœur des Français, dit-il,
je ne sais quelle espèce de certitude qu'il naîtrait un
prince qui serait le sauveur de son pays. Il est né
l'enfant de la France, donné de Dieu à ses gémissements et à ses prières... Quelles ne seront pas les
destinées de cet enfant miraculeux ! Il sera le Roi de
son siècle ; il sera un héros, le fils de cette jeune
héroïne ; comme le Béarnais, il a goûté en naissant
les symboles de la santé et de la force ; il sera digne
du père de sa race, celui dont la mère a surpassé
Jeanne d'Albret en courage. Il sera le père de ses
sujets par la bonté, surtout il en sera le roi par la
justice. Soumis lui-même aux lois, il abattra tout ce
qui voudrait s'élever au-dessus d'elles. Ce n'est pas
en vain qu'il portera le glaive. Il se peut qu'il ait à
essuyer bien des traverses, mais il est le fils d'une

mère dont le malheur et les contradictions n'ont fait qu'élever l'âme et enflammer le courage. Il descend de saint Louis et de Henri IV ; il saurait, comme le premier, défendre son trône contre les rebelles, ou le conquérir comme le second (1). L'impiété se taira devant lui, non qu'il interroge les consciences, qui n'appartiennent qu'à Dieu, mais il interrogera les actes, qui appartiennent à la loi ; il fera respecter ce que doit respecter tout honnête homme (2). Il sentira qu'un prince, pour régner lui-même, doit faire régner Celui par qui règnent les rois. Je ne suis pas destiné à voir les prospérités et la gloire de son règne ; je n'en verrai pas même l'aurore ; mais je puis du moins le saluer de loin ce nouveau saint Louis ; je puis me réjouir à sa naissance, qui est comme le gage de la réconciliation du ciel avec la terre, de son alliance nouvelle avec le peuple français et la race de nos rois. Ceux que l'impie et le factieux voulaient rejeter seront encore la pierre angulaire de l'édifice (3)... »

Le sentiment général que constate ici Mgr Frayssinous s'était manifesté déjà dans le nom que l'on avait

____

(1) Aujourd'hui que la France a besoin d'être reconquise à la fois sur la Révolution et sur l'étranger, cette expression pourra bien paraître prophétique. Fasse le ciel que la prophétie se réalise au plus tôt et dans toute sa plénitude !

(2) Admirons ici la solution si précise et si pratique donnée dès lors à cette question de la liberté de conscience que l'on a faite si grande à force de l'embrouiller, et qui était is simple.

(3) *Conférences de Frayssinous*, tome II, page 305, édition de Malines, 1840.

donné au prince dès sa naissance. En l'appelant l'*enfant de l'Europe,* avait-on l'idée des périls que faisait courir à la société la Révolution un moment abattue, mais non désarmée? Entrevoyait-on de nouvelles commotions pour l'Europe et la nécessité de la raffermir en rendant à la France les seules conditions d'ordre et de paix qui existent pour elle? Il est difficile d'admettre des prévisions si assurées, et il est peut-être plus simple de reconnaître ici une sorte d'effusion de cet esprit prophétique qui, comme le dit le comte de Maistre, a parlé chez toutes les nations et donne surtout aux peuples chrétiens un merveilleux instinct de l'avenir.

Tous les esprits étaient alors plus ou moins dominés par la même pensée; nous en avons une preuve dans une parole bien remarquable de l'un des révolutionnaires de 1830, d'Odilon-Barrot, commissaire du Gouvernement provisoire chargé d'accompagner la famille royale jusqu'à Cherbourg et de constater son départ. Au moment où Charles X allait quitter le sol français, emmenant avec lui le comte de Chambord : « Gardez-bien cet enfant, lui dit Odilon-Barrot ; c'est l'*espoir de la France!* » Les malheureux qui faisaient alors la Révolution savaient très-bien qu'ils perdaient leur pays et qu'il faudrait qu'un autre vînt un jour le sauver; ils voyaient même quel devait être l'instrument du salut.

Des voix parties des points les plus opposés rendent au fond le même témoignage. Voici ce que je vois écrit, en 1840, de la main d'un homme qui est regardé

encore aujourd'hui comme le plus grand politique que
l'on ait eu à Rome depuis le célèbre cardinal Consalvi,
le réorganisateur des États-Pontificaux après la captivité de Pie VII. Le cardinal Bernetti, ancien ministre
de Léon XII et de Grégoire XVI, avait vu le comte de
Chambord dans le premier voyage que ce prince fit à
Rome et il écrivait avant la fin de l'année dans une
lettre que j'ai eue entre les mains : « Je ne sais pas
» ce que me réserve l'année 1840; mais jusqu'à pré-
» sent elle a été des plus heureuses pour moi, puis-
» qu'elle m'a donné l'avantage de faire la connais-
» sance d'un admirable jeune homme *dont la haute
» destinée est pour moi aussi claire que la lumière du
» jour.* » Les hommes vraiment politiques ont des in-
tuitions qui embrassent bien des choses à la fois et
que la sottise seule peut mépriser sous prétexte qu'elles
ne sont pas infaillibles. Il m'a été donné de connaître
assez bien l'illustre homme d'État pour être en mesure de vous affirmer que sa pensée sur la destinée de
« l'admirable jeune homme » était parfaitement rai-
sonnée.

Vous avez pu, du reste, connaître le prince par ses
actes; jugez-le, non d'après ce qu'on en dit, ce qui
est toujours une règle peu sûre, mais d'après la conduite qu'il a tenue, et d'après les conseils qu'il a publiquement donnés à la France toutes les fois qu'elle
a eu besoin d'être avertie, par exemple à la veille des
deux plébiscites de 1852 et de 1870. Mais il est un acte
qui, pour être moins public, n'en mérite pas moins
d'être connu : c'est la lettre écrite, au nom du prince,

en 1845, par M. le comte de Montbel aux légitimistes
de Lyon. Le dernier journal qu'ils avaient eu jusqu'a-
lors dans cette ville venait de tomber, et bon nombre
de ceux qui l'avaient soutenu s'étaient ralliés à la
pensée de refaire un journal simplement catholique,
en abandonnant, pour le moment, toute question de
légitimité ; c'est dans cet esprit que parut alors la *Gazette de Lyon ;* mais d'autres trouvèrent que c'était là
une désertion à laquelle ils ne pouvaient s'associer ; ils
se mirent donc à l'œuvre pour faire paraître un autre
journal plus conforme à leurs idées ; mais ils jugèrent
cependant convenable de ne pas commencer avant de
savoir si leur œuvre serait approuvée à Frohsdorf ; ils
soumirent leur projet, et c'est alors que le comte de
Montbel leur écrivit la lettre dont je parle. Tout en
louant leur zèle et leur dévouement, il les engageait
à ne pas élever à Lyon une publication rivale d'une
autre publication qui se dévouait à la défense des premiers intérêts de la société, c'est-à-dire des intérêts
moraux et religieux, et sa lettre finissait par ces mots,
qui la résumaient : « *Peu importe au prince que son nom
soit prononcé, pourvu que le nom de Dieu soit béni et
honoré* (1). »

Ne voyez-vous pas là la réalisation première de ce
que disait Mgr de Frayssinous vingt-cinq ans auparavant : « Il sentira qu'un prince, pour régner lui-même,

____

(1) Me sera-t-il permis de recommander cet exemple d'ab-
négation chrétienne à l'admiration de ce nos écrivains catholiques aux yeux desquels les rois on ent de peine à trouver grâce ?

» doit faire régner Celui par qui règnent les rois? »

Cette lettre, communiquée à Lyon, fit dire tout de suite à quelqu'un qui n'était pas légitimiste : « Voilà un Prince digne de régner ! » Puisse cette noble parole être à jamais la devise du prince et la règle invariable de sa conduite. Tout ce qui est chrétien n'aura qu'une voix dès aujourd'hui pour l'acclamer, demain et à jamais pour le bénir. Et quand on a les chrétiens pour soi, on a Dieu pour soi; car c'est là le peuple dont la voix est la voix de Dieu (1).

(1) Les derniers événements ne nous autorisent-ils pas à consigner ici un nouveau présage ? La conservation si étonnante de la Sainte-Chapelle et du donjon de Saint-Louis dans l'incendie de Paris, au milieu des flammes qui ont détruit les édifices environnants, a été regardée et acclamée comme une sorte de miracle. N'est-ce pas là un signe visible de la puissante protection du saint Roi sur ce qui fut l'objet de ses prédilections? Et n'y a-t-il pas lieu de croire que sa sollicitude est plus grande encore pour la personne même de son petit-fils que pour les lieux qui lui furent le plus chers? Qu'on nous permette de le dire : Pour nous le donjon et la Sainte-Chapelle ne sont, comme le buisson ardent de Moïse, que le symbole et l'image d'une préservation plus merveilleuse et plus féconde en résultats salutaires. Il y a des années que l'on disait à l'un des intimes de la famille : « Faites-leur bien entendre que ce n'est pas le petit-fils de Henri IV et de Louis XIV que la Révolution a égorgé, mais le petit-fils de saint Louis; que, par conséquent, il faut que nous voyions revenir non pas le petit-fils de Henri IV et de Louis XIV pour mettre fin à la Révolution, mais le petit-fils de saint Louis. » Et c'est quand la France a vu se révéler le petit-fils de saint Louis par la lettre du 8 mai, qu'apparaît aussitôt la protection du saint Roi, pour préserver les restes de son héritage de l'incendie allumé par les fureurs de la Révolution !

VII

Malgré tout ce que je viens de vous dire, rappelez-vous bien, cher Monsieur, que je n'ai fait de la question de personne qu'une question secondaire; je ne prétends nullement vous rattacher à la cause d'un homme; ce serait une tâche trop ingrate et trop stérile; mais comme vous êtes attaché à la cause de l'ordre et de la religion, j'ai dû vous faire remarquer qu'il y a chez les nations catholiques des princes dont la cause s'identifie visiblement à celle qui est la vôtre et la mienne, qui sont prêts à la servir avec autant de zèle qu'aucun de nous, et qui sont beaucoup plus aptes à la faire triompher au jour que nous attendons tous. Permettez-moi donc de vous le dire : il n'y a pas du tout d'esprit de parti à penser que ce sont là, selon toute apparence, les instruments dont Dieu se servira pour sauver nos sociétés, c'est-à-dire pour les arracher à la Révolution, les relever de l'humiliation où elles sont tombées et les ramener dans les voies de la justice et de la vérité. Laissez, si vous le voulez, la consolation d'une telle espérance à ceux qui ne voient pas comme vous quels sont les véritables éléments de salut et qui ont besoin d'en apercevoir les instruments, et rendons grâce au ciel qui veut bien donner à chacun des motifs d'espérer au milieu de la tribulation où nous sommes ; mais si vous ne voulez pas complétement renoncer à vous occuper du côté humain et pratique des choses, vous aurez à vous dire ceci :

La cause de la France étant liée à celle de l'Église, et leur oppression commune devant bientôt cesser par une sorte d'intervention divine qu'attendent tous les chrétiens, quelles sont les voies dans lesquelles les hommes intelligents doivent se tenir prêts à marcher pour seconder l'action de la Providence ?

Il est certain que la France ne sera pas sauvée de la tyrannie révolutionnaire par une République, puisque la République n'a jamais été en France et ne peut être qu'une des formes de la Révolution.

Il est également certain qu'elle ne sera pas sauvée par une monarchie empreinte du caractère révolutionnaire soit dans sa forme constitutionnelle, soit dans la personne du prince qui serait acclamé.

Obligé plus que jamais de dire aujourd'hui que la société ne peut plus être sauvée que par le christianisme, on est conduit à dire en même temps que la France ne peut être sauvée et se relever que par la monarchie très-chrétienne, que par le retour aux traditions qui l'avaient faite le soutien de l'Église et la première des puissances.

Et où trouverez-vous la première des conditions d'une monarchie très-chrétienne, c'est-à-dire un prince très-chrétien ?

Quelque part que vous puissiez le trouver et où il me soit possible de le reconnaître, je m'empresse d'appeler son règne, mais je m'empresse surtout d'appeler sur lui la plénitude des dons d'intelligence, de

discernement et de force, pour qu'il soit l'homme dont
la France, l'Europe et l'Église ont besoin.

VIII.

Mais écartons, si vous le voulez, toute question de
personne et rentrons encore une fois dans un ordre
d'idées plus conforme à vos prédilections et vos pensées habituelles.

Je vous ai dit que cette grande crise à laquelle nous
sommes livrés avait été entrevue et annoncée depuis
près de quarante ans comme inévitable. Je puis ajouter
maintenant, que dans les dernières semaines qui l'ont
précédée, de fortes raisons avaient surgi qui la faisaient
regarder comme nécessaire au moment même où elle
a éclaté. Vous savez quels orageux débats la question
de l'infaillibilité avait suscités au sein du Concile, et
bien plus encore en dehors du Concile. Vous savez
jusqu'où ont été portées les menées et les violences
d'une opposition qui s'efforce encore aujourd'hui
d'agiter l'Allemagne et la Suisse. Mais ce que vous ne
savez probablement pas et ce que peu de personnes
connaissent, c'est qu'après cette question il en est
d'autres que l'intérêt de l'Église oblige à poser, et qui
soulèveraient de bien plus terribles tempêtes si la
situation amenée par la politique de ces derniers
siècles n'était profondément modifiée. Je n'ai pas à

vous dire quelles sont ces questions, qui tiennent spécialement à la discipline, et je ne me chargerai pas de
la responsabilité qui pèserait sur moi en leur donnant
une publicité prématurée. Je vous ferai seulement
observer que si les questions de dogme peuvent rencontrer des résistances dans notre orgueil, notre ignorance et nos travers d'esprit, les questions de discipline, qui exigent tout aussi bien l'obéissance, et qui
touchent, en outre, à bien des intérêts, à des cou-
tumes, à ce que l'on croit être des droits acquis, sont
par cela même de nature à provoquer bien plus de
passions. Il y a une chose certaine : c'est que les oppo-
sants auraient, encore bien plus facilement qu'ils ne
l'ont eu, l'appui des gouvernements séculiers, en leur
faisant entendre qu'ils ne sont plus menacés seulement
d'une manière indirecte par des décisions théologiques,
mais que c'est l'exercice même de leur puissance extérieure qui est en péril.

Il était évident qu'avec les dispositions actuelles et
héréditaires de la plupart des gouvernements qui se
disent encore catholiques, de telles questions ne pouvaient être tranchées d'une manière conforme aux
vœux et aux besoins de l'Eglise. Déjà d'éminents personnages se montraient effrayés du trouble et des
dangers de schisme qui menaçaient de se produire si
le Concile poursuivait sa tâche et abordait l'œuvre des
réformes aujourd'hui nécessaires. C'est alors qu'il a
été dit que nous allions sans doute voir éclater cette
crise qui se préparait depuis si longtemps, et qui,
changeant la face des choses dans le monde chrétien,

7.

réconcilierait les puissances catholiques avec l'Église, et les disposerait à lui apporter autant de concours qu'elles lui avaient auparavant opposé d'entraves et d'injustes défiances.

La crise est venue, en effet; le grand adversaire de l'Église est tombé, et nulle opposition au Concile ne trouvera jamais plus un pareil fauteur. La place qu'il occupait a été trop longtemps souillée pour qu'un prince vraiment digne y siége du jour au lendemain; mais attendez que le souffle qui passe sur la France ait purifié ou détruit ce qui a encore besoin de l'être; attendez que cette grande commotion à laquelle nous avons été et nous sommes encore livrés ait eu ici et au dehors les conséquences qu'elle doit avoir, et vous verrez s'accuser plus nettement les éléments que je vous ai déjà signalés comme devant servir selon toute probabilité à relever et régénérer les nations catholiques. Plus heureux que le comte de Maistre, nous n'avons plus à dire avec lui : *Si Dieu efface, c'est pour écrire;* car l'œuvre d'effacement est à peu près accomplie aujourd'hui. Quelle résistance, je vous prie, peut offrir encore ce qui doit disparaître ? Pour chacun des peuples appelés à renaître à la plénitude de la vie chrétienne, la main divine est visible, comme aussi l'instrument dont elle se sert et les caractères qu'elle trace pour être la loi spéciale de notre époque de séparatisme jusqu'à présent et de réconciliation dès demain : Paix au monde chrétien par l'union parfaite entre les deux puissances !

Je serai plus libre pour vous parler d'une autre

question qui n'est pas de simple discipline et qui eût
été de nature à exciter plus que jamais les gouvernements révolutionnaires contre l'Église ; et ici je parle
avec plus de liberté parce que je n'ai à vous exprimer
que ma propre opinion sur la nécessité de soumettre
une telle question au Concile.

Vous avez vu que le principe d'autorité a été rétabli dans l'ordre spirituel par la proclamation dogmatique de l'infaillibilité pontificale. C'est bien ainsi que
devait être combattue la plus subversive de toutes les
tendances de notre époque, qui fait consister la liberté
dans la négation de toute autorité. Mais l'absence de
ce principe qui, dans l'Église, produit les schismes, les
hérésies, l'arbitraire et l'indiscipline, est ce qui forme
dans les États les partis et les factions d'où résultent
les révolutions et les bouleversements. Il faut donc,
puisqu'il y a deux puissances instituées pour gouverner le monde, que le principe de soumission à la puissance temporelle soit rétabli comme le principe de
soumission à la puissance spirituelle. Vous savez
comme moi combien les catholiques eux-mêmes, y
compris ceux qui passent pour éclairés et religieux,
ont besoin d'être instruits et dirigés en ce point. Vous
connaissez des écrivains dont la foi s'affirme beaucoup
plus qu'elle ne brille, qui s'imaginent montrer d'autant plus de dévouement à l'Église qu'ils pratiquent
plus d'indifférence et de dédain envers l'autorité séculière. Sans compter les catholiques libéraux, qui sans
doute regardent le pouvoir comme un ennemi public
puisque leur premier soin est de stipuler des garan-

ties légales et des sûretés contre lui, il en est d'autres qui semblent persuadés que tous les gouvernements se valent et que la sagesse chrétienne est de se livrer au premier qui se présente, ou peut-être encore de ne s'abandonner avec confiance à aucun. D'autres, au contraire, obéissant aveuglément à des traditions altérées, se croient liés à tout jamais et quand même envers celui qu'une loi purement humaine appelle ou porte au pouvoir, quelque indigne qu'il en soit.

Voilà ce que nous voyons parmi les chrétiens ; et parmi ceux qui fréquentent les mêmes temples, qui écoutent la même parole et vont puiser aux mêmes sources la vie de l'âme et de l'esprit, de telles divergences en matière aussi importante n'aident pas beaucoup, soyez-en sûr, à maintenir l'unité et à resserrer les liens de la charité ; il y a même là un principe très-puissant de séparation de la politique et de la religion, c'est-à-dire de l'Église et de l'État, séparation qui ne peut qu'infirmer immensément l'action régulière et bienfaitrice de l'une et de l'autre puissance.

L'unité ne se fera dans l'Église et dans l'État, la paix ne renaîtra dans les esprits que par la promulgation d'une même doctrine et par la reconnaissance des mêmes devoirs. Je sais que l'infaillibilité pontificale suffit dès maintenant pour donner à tous les chrétiens l'enseignement et la direction nécessaires en ce qui est de la soumission aux puissances. Et à quoi ne peut-elle pas suffire désormais ? Et faudra-t-il dire pour cela que le Concile peut être clos définitivement, et que sa tâche est finie ? Non, certes. La Providence

n'est pas tellement avare de ses dons envers le monde,
qu'elle se borne à lui donner ce qui peut lui suffire, et
elle a ses jours à elle connus où elle se plait au contraire à faire abonder ses grâces pour vaincre les résistances sans violenter la liberté. Un Concile œcumé-
nique est un de ces moyens qui répandent plus universellement la lumière et déterminent plus prompte-
ment le concours d'un plus grand nombre de volontés
à l'œuvre de redressement des esprits et de rénovation des mœurs. Et en quoi avons-nous plus besoin
d'être ramenés dans les voies du bon sens, de l'ordre,
de la paix et de la morale, qu'en ce point si important
de l'adhésion à donner aux pouvoirs qui gouvernent
le monde? Pour faire cesser nos tiraillements, nos
dissidences, nos dédains et nos révoltes, je ne doute
pas que le Concile ne soit appelé à proclamer quelques
principes qui pourront servir de règle aux chrétiens,
et les aider à distinguer entre les pouvoirs auxquels
la seule nécessité oblige de se soumettre et ceux qui
ont droit au respect, à la confiance et au dévouement.
Si le règne des usurpateurs et des impies n'apporte
d'ordinaire aux peuples que la persécution, les calamités et la misère, ainsi que l'expérience nous le fait
sentir, il n'est pas inutile et indifférent pour nous de
savoir quels sont les caractères, soit de l'usurpation et
de la tyrannie, soit de l'autorité légitime et régulière.
Est-ce que la religion et la morale ne sont pas essentiellement amies de tout ce qui est légitime? et ne flé-
trissent-elles pas l'ambition et la violence chez les
grands aussi bien que chez les petits? L'esprit de l'É-

glise est un esprit de déférence et de respect envers le
pouvoir, mais envers le pouvoir régulièrement acquis
et régulièrement exercé; envers ceux qui s'imposent
par la force ou par la ruse et en dehors des traditions
nationales, ou qui s'exercent dans un intérêt autre que
le bien, elle use de prudence et de ménagements pour
ne pas provoquer ou accroître leur hostilité, elle attend qu'ils se convertissent ou qu'ils tombent.

Ne croyez-vous pas que pour faire entrer les catholiques dans cet esprit de sagesse et de prudence, et
pour empêcher qu'ils se divisent en face de pouvoirs
irréguliers soit dans leur origine, soit dans leur exercice, la doctrine de l'Église devra se formuler d'une
manière plus explicite, qui fasse comprendre ceci à
tous : que l'obligation d'être soumis aux puissances
n'emporte pas le devoir d'obéir indistinctement à tous
ceux qui exercent le pouvoir souverain dans la société
civile; qu'un pouvoir usurpateur ou tyrannique est pour
les peuples un fléau dont ils doivent appeler la cessa-
tion, du moins par leurs vœux et leurs prières, s'ils ne
peuvent autrement en amener la fin;

Que la puissance séculière étant instituée avant tout
pour la protection de la religion et des mœurs, selon
la parole de l'Écriture : *ut quietam et tranquillam vitam
agamus in omni* **PIETATE** *et* **CASTITATE** (1), le caractère
spécial de la tyrannie est bien moins encore l'injustice et la violence qui oppriment l'homme dans sa personne et dans ses biens, que la persécution ouverte ou

____

(1) I. Tim. 22.

hypocrite qui s'attaque à l'Église en entravant sa liberté d'action dogmatique ou disciplinaire, en s'attachant à corrompre son clergé, et en favorisant l'impiété et l'immoralité ;

Que pour être vraiment légitime, le pouvoir ne doit pas seulement être acquis d'une manière conforme aux lois humaines, mais surtout être exercé d'une manière conforme à la loi divine ;

Que les lois humaines les plus sages ne sont pas celles qui s'appuient uniquement sur l'ordre naturel, attendu que l'ordre purement naturel, ayant été d'abord altéré par la chute, puis relevé et éclairé par la révélation, est depuis lors dominé par une loi supérieure, et n'est plus une base *suffisante* d'institutions pour les sociétés.

N'est-ce pas là ce qui est devenu nécessaire pour que tous les vrais catholiques se trouvent réunis dans l'obéissance, le respect et le dévouement dus aux pouvoirs réguliers, et qu'ils ne se partagent plus en différentes écoles plus ou moins monarchistes ou démocrates, absolutistes ou libérales, les uns pour qui l'ordre purement naturel est tout et devient le culte de la chair et du sang, les autres pour qui l'ordre naturel n'est rien ? Assurément, ce n'est pas avec de telles divergences que l'ordre et la paix peuvent renaître au sein de la société, que les gouvernements les meilleurs peuvent s'affermir, retrouver la force morale dont ils ont besoin et entendre se formuler autour d'eux cette voix de la conscience publique et chrétienne, qui est pour eux un avertissement, un guide et un salutaire obstacle.

Mais si cela est nécessaire, cela était-il possible et prudent il y a quelques mois, alors que toutes les nations catholiques, à commencer par la France, étaient livrées à des gouvernements qui avaient bien tous les caractères de la tyrannie, et qui eussent vu dans les décisions de l'Église une déclaration de guerre des plus directes ? Il n'y a que des gouvernements vraiment chrétiens qui puissent entendre énoncer et proclamer de telles doctrines, parce qu'ils n'ont rienà en craindre, et qu'ils y trouvent au contraire tout ce qui peut rendre leur autorité respectable aux yeux des peuples et la préserver de ses propres écarts.

Ce qu'il n'était pas possible de faire se fera, soyez-en sûr. Avant que le Concile se rouvre, bien des événements nouveaux auront passé ; calculez, si vous pouvez, ce qu'il en faut pour que le Pape réunisse encore une fois autour de lui les Évêques du monde catholique. Et c'est à dessein que je dis « autour de lui, » car il n'y a nulle apparence que le Concile puisse être transporté ailleurs. Pour que le Concile reprenne ses sessions, il faut une grande victoire remportée sur la Révolution par la cause de l'ordre, qui est celle de l'Église ; et le fruit de la première victoire n'est-ce pas la délivrance de Rome et le Pape redevenu maître chez lui ? Mais quelle que soit l'étendue et la portée des événements nécessaires pour en arriver là, ne désespérez de rien ; nous sommes à une époque où l'on peut voir bien des choses en peu de temps. Le Concile du Vatican n'aura pas, à beaucoup près, la durée du Concile de Trente ; il poursuivra sa tâche ;

les questions de discipline déjà posées pourront être
résolues avec le concours de Princes plus chrétiens et
mieux disposés à s'entendre avec l'Église que ceux de
l'année dernière, et la proclamation des devoirs qui
lient les catholiques envers l'autorité séculière sera le
signe le plus éclatant et le gage le plus sûr de l'alliance rétablie entre les deux puissances.

Et les fruits de cette alliance seront la fin de cet
esprit révolutionnaire que l'on appelle le libéralisme,
et le règne de la vraie liberté et du bien substitué à
l'*Empire* du mal et de la licence.

IX.

6 juillet.

Je n'ai pas attendu ce jour pour conclure, vous le
supposez bien ; mais permettez-moi de substituer à
ma pensée celle qu'exprimait Pie IX le 23 du mois
dernier en répondant au félicitations des membres du
Cercle de Saint-Pierre (1) :

« Nous n'avons rien ou presque rien à attendre des
» hommes ; élevons donc toujours davantage notre
» confiance et notre espoir en Dieu. Il me semble que
» déjà son cœur se prépare à accomplir un grand
» miracle qui fera l'étonnement du monde. Attendons
» l'heure de sa miséricorde. »

(1) *Correspondance de Rome.*

LA MONARCHIE TRÈS-CHRÉTIENNE.

Il ne serait pas difficile aux publicistes honnêtes de faire admettre aujourd'hui ce que l'on admettait si bien en principe de 1848 à 52, que « la société ne peut plus être sauvée que par le christianisme, » mais qu'il ne faut pas que ce soit comme alors un aveu stérile et une vaine formule sans application; il ne sera pas non plus difficile aux journalistes les moins intelligents d'amener leur public à reconnaître que la seule forme politique qui puisse convenir à la France, lui redonner la paix et la relever, c'est la monarchie; mais de là à faire accepter la conclusion qui unit ces deux termes sans grand effort de logique, il y a beaucoup plus loin qu'il ne semble, et quoique la *Monarchie très-chrétienne* soit dans les traditions de la France, quoiqu'elle nous représente la longue époque de notre gloire et de notre puissance, elle suscite cette espèce d'appréhension que peut éprouver l'individu ou le peuple enfant pour ce qui lui paraît trop grand et trop parfait. La même ignorance commune à tous ne laisse entrevoir aux uns que l'obscurité et les abus du passé, aux autres que le vague et les fantômes de l'avenir.

Il importe de dissiper ces vaines illusions, qui nous empêchent de marcher de peur de retourner en arrière ou de nous précipiter dans des voies inconnues. Il ne s'agit pas plus de refaire le passé de notre nation que l'homme sage ne refait sa vie antérieure lorsqu'il se sert de son expérience et met à profit les fautes qu'il a commises pour se rattacher plus fortement aux principes qui eussent dû être la règle invariable de ses actes; l'obligation qu'il s'impose d'être plus fidèle ne l'astreint pas le moins du monde à revenir à des usages, des formes et des habitudes qui ont disparu pour faire place à d'autres.

Si l'on a pu dire avec vérité que « ce sont les Évêques qui ont fait le royaume de France, » par conséquent la Monarchie très-chrétienne, il n'en faut pas conclure que la Monarchie très-chrétienne ne puisse se relever et se reconstituer en France que par la prédominance politique du clergé. Ce qui était la conséquence forcée de l'ignorance où vivaient alors les gens du siècle n'est plus dans les nécessités de notre situation, et l'Église, après avoir été obligée de s'occuper des intérêts temporels des peuples, ne prétend pas se faire un titre des services qu'elle leur a rendus pour leur imposer sa direction et ses avis en ce qui ne touche point à leurs intérêts spirituels. Quiconque la connaît quelque peu dans son esprit et sa doctrine doit savoir qu'elle préfère se renfermer dans ce qui est de sa mission propre, et si quelques-uns de ses ministres éprouvent le besoin d'en sortir, on peut être assuré d'avance qu'ils sont un sujet d'embarras pour elle autant que pour l'État.

La Monarchie la plus chrétienne ne serait donc pas

celle où, les attributions se confondant, les ministres
de l'Église seraient les ministres de l'État, c'est-à-dire
où le clergé aurait la plus grande part possible dans
la direction des affaires séculières. Ce peut être là
l'idéal d'un certain parti qui s'est imaginé ne pouvoir
mieux combattre les erreurs et les tendances gallicanes qu'en se jetant dans l'excès opposé ; mais nous
ne leur dirons pas, avec les ennemis qu'ils suscitent
contre eux et contre nous, que ce serait l'absorption
de l'État par l'Église ; nous leur dirons que ce serait
quelque chose de pire à tous les points de vue : ce serait l'absorption de l'Église par l'État, puisque ce
serait le clergé jeté en dehors de sa mission et per-
dant tout esprit de piété au milieu des affaires du
siècle, comme il lui arrive toutes les fois qu'il s'y engage sans nécessité. La Monarchie la plus chrétienne
serait, au contraire, celle où les divers représentants
de l'une et de l'autre puissance pourraient agir avec
le plus de liberté possible dans le cercle de leurs attributions propres, assurés de rencontrer au dehors, concours et bienveillance, au lieu d'immixtion importune
et défiance. Ce qui fait le caractère chrétien d'une
institution, ce n'est pas le nombre plus ou moins
grand d'ecclésiastiques et même de prélats qui en font
partie : c'est le principe sur lequel elle repose et le
but auquel elle tend, ce sont les lois qui la régissent,
c'est l'esprit qui l'anime et qui se personnifie dans ses
chefs.

Faites entrer autant d'évêques ou de religieux
que vous voudrez dans un corps tel que l'Académie,

vous n'aurez jamais qu'une assemblée profane qui pourra, d'un moment à l'autre, revêtir un caractère païen ou n'être qu'une réunion de séditieux et de sectaires comme le *brigandage d'Éphèse* ou le synode de Pistoie.

Le principe de la Monarchie chrétienne, ce n'est pas seulement, comme le veut la doctrine gallicane, la soumission de la puissance séculière à l'autorité divine dont le prince se fait l'interprète en tout ce qu'il juge être de son domaine ; c'est la soumission du pouvoir et de l'État tout entier à l'autorité du Christ, c'est-à-dire à la loi de l'Évangile interprétée par l'Église ; le but auquel elle tend, c'est de faire trouver aux hommes toute facilité d'arriver à la connaissance de la vérité et tout intérêt à la pratiquer ; les lois qui la régissent lui donnent et lui conservent le caractère chrétien par leur conformité et leur subordination à la loi divine ; enfin l'esprit qui l'anime est d'autant plus chrétien qu'il se manifeste par une plus grande confiance, non dans la personne de tels ou tels ministres de l'Église, mais dans l'autorité de l'Église elle-même, qui, étant assistée de l'esprit de sagesse et de prudence comme de l'esprit de vérité, ne peut excéder son propre pouvoir en empiétant sur celui des autres, ni agir avec violence ou à contre-temps. Que le chef de l'Etat s'entende aussi directement et aussi souvent que possible avec le chef de l'Eglise, il n'aura pas à craindre l'excessive domination du clergé pour ses peuples ; et pour lui-même il jouira de plus d'autorité et de respect que ne lui en accorderaient les plus fougueux gallicans s'il suivait leur impulsion et leurs maximes.

Ce ne sont pas, comme on le voit, de vains subterfuges et des négations gratuites que nous opposons aux appréhensions de l'ignorance et aux imputations de la mauvaise foi ; c'est par un exposé de principes parfaitement clairs que nous démontrons à ceux qui ont besoin de l'entendre que la Monarchie chrétienne n'est pas du tout « le despotisme du clergé, » ainsi qu'ils ont pu le croire ou trouvé intérêt à le dire. Il nous serait plus facile encore de leur faire admettre un autre point qui a besoin d'être précisé pour les rassurer : c'est que « la Monarchie chrétienne n'emporte pas nécessairement l'obligation, pour les sujets de la monarchie, d'être ou de se montrer chrétiens, » mais seulement de ne pas se montrer antichrétiens, ce qui est fort différent et n'a rien d'odieux pour la conscience, attendu que la conscience ne fait un devoir à personne de blasphémer le nom du Christ et d'insulter à une institution telle que l'Église catholique.

Les projets de constitution n'ont pas manqué dans ces temps-ci, comme on sera toujours sûr de les voir pulluler toutes les fois que la chute d'un pouvoir quelconque laissera le champ libre à toutes les ambitions et à toutes les utopies. L'affaiblissement, ou pour mieux dire l'absence du principe d'autorité, nous a jetés dans une sorte de protestantisme politique qui fait éclore parmi nous les systèmes de gouvernement comme les sectes religieuses chez nos frères séparés de l'unité catholique. De prétendus publicistes qui prennent l'esprit pour la sagesse, et qui n'ont jamais été que des hommes de lettres, n'ont pas manqué de venir nous dire quel chef la France devait se donner en ce moment et par quelles déclarations de principes elle devait se lier, tout en réservant sa souveraineté. Tout cela pourrait être acceptable, ou tout au moins discuté, si la France avait à se choisir un chef, si elle avait à proclamer quelque principe nouveau, et si enfin elle avait à faire autre chose de sa prétendue souveraineté que de l'abdiquer. Une nation a bien rarement à se donner un chef ; elle n'a presque jamais qu'à reconnaître celui que la Providence lui a préparé d'avance ou qu'elle lui suscite selon les besoins du moment, et qui s'impose par la supériorité de ses titres, en sorte que c'est la Providence elle-même qui élève l'homme et que la nation n'est tout au plus que l'instrument dont elle se sert. Malheur au peuple que le Ciel délaisse en ne lui désignant pas le chef qui doit le conduire, c'est-à-dire en ne faisant surgir au milieu de lui aucun homme qui ait des titres plus éclatants au respect, à l'estime et à l'obéissance de tous ! L'incertitude du mérite multipliera les compétitions et diminuera la force morale du pouvoir, qui ne cessera d'être flottant que pour se rapprocher de la tyrannie.

La France, heureusement, n'en est pas là ; sa loi fondamentale a été si peu abrogée par la nécessité des temps que, trois fois violée en ce siècle, elle a été trois fois revendiquée dans ses dispositions par ceux-mêmes qui profitaient de sa violation. Et l'application de cette loi humaine non abrogée ne rencontre aucun obstacle dans les prescriptions supérieures de la loi naturelle et de la loi divine, puisque celui qu'elle désigne à la nation n'est évidemment ni incapable, ni indigne.

La France n'a pas non plus à proclamer de principes nouveaux ; car « les Evêques qui ont constitué le royaume de France, » l'ont basé sur les principes du catholicisme, qui n'ont pas vieilli, qui ne peuvent admettre la désuétude, et qui n'ont besoin d'être renouvelés que dans leur mode d'application. Toute la question est d'abord de les comprendre, ensuite de voir sous quelle forme nouvelle ils peuvent et ils doivent être appliqués ; mais les rejeter, soit en les répudiant ouvertement, soit en proclamant des principes inconciliables avec ceux-là, c'est changer la constitution de l'État ; or, changer la constitution d'un peuple, c'est faire que ce peuple ne soit plus ce qu'il était. Ce qui a fait la nation française ce qu'elle a été, ce n'est pas le nom qu'elle portait, et les derniers évènements le prouvent bien, c'est d'avoir été la nation très-chrétienne. C'est là ce qu'elle doit redevenir si l'on veut la retrouver un jour ce qu'elle fut autrefois.

Enfin, la nation française peut renoncer sans regret à sa prétendue souveraineté : il lui est aisé de s'apercevoir qu'elle n'a rien gagné à vouloir l'exercer ; l'usage qu'elle en a fait n'a jamais tourné qu'à sa confusion et à sa perte ; ceux qui continuent à lui parler de suffrage universel et de plébiscite ne sont que des charlatans qui l'exploitent ou des aveugles qui ont la présomption de conduire d'autres aveugles, et ne peuvent manquer de rencontrer de nouveaux abîmes. Le jour du salut pour la France ne sera pas celui où elle s'imaginera de se donner la tête qu'elle croit lui manquer, mais celui où chez elle les membres se prêteront docilement à l'obéissance due à leur chef.

Ce que nous disons là est, comme on le voit, ce qu'il y a de plus opposé à toute vaine théorie et ne présente pas l'ombre de système. Rien de plus simple et de plus conforme au bon sens, qui est toujours le chemin du vrai, mais dont le journalisme et la tribune nous ont si fort écartés.

Revenons à notre propre constitution, que nous n'avons pu changer complètement, et qui n'est pas encore épuisée, grâce à Dieu, malgré toutes les secousses qu'elle a subies, malgré les poisons qui l'ont altérée.

La France constituait une *monarchie;*

N'allons pas la constituer en *triarchie* par un système de pondération de pouvoirs, comme le rêvent des libéraux honnêtes, dupes à leur insu d'orateurs qui ont besoin de parader à la tribune et de journalistes atteints de la démangeaison d'occuper le public de leur personne. Là où il y a trois pouvoirs, aucun d'eux n'est réellement souverain ; l'autorité est incertaine, livrée à des empiètements continuels, et l'obéissance ne se trouve plus nulle part.

La France n'était pas une monarchie absolue, comme on se l'imagine ; c'est parce qu'elle l'était devenue dans les derniers temps, et que le régime du bon plaisir et de la science certaine avait multiplié les abus, que les novateurs ont eu beau jeu pour nous vanter les avantages du régime parlementaire; c'était, à les en croire, le meilleur moyen de répondre au besoin qu'ont les peuples de voir l'autorité souveraine entourée d'institutions qui l'éclairent, qui la protégent contre ses propres excès, qui lui opposent au besoin une certaine résistance qu'il soit de son intérêt de respecter. Au fond, et dans la pensée des meneurs, c'était ce que l'expérience a partout démontré, le meilleur moyen de tromper les rois et les peuples en faisant surgir au sein de l'Etat un pouvoir destiné à dominer l'autorité monarchique, à la livrer à la Révolution, et à la détruire violemment si elle ne consentait pas à s'éclipser.

La France était une monarchie tempérée;

Tempérée par le droit chrétien et par les institutions.

Le droit chrétien excluait du trône le prince indigne comme le prince incapable; il condamnait les princes *inutiles*, et la déchéance d'une race entière, celle des rois fainéants, est un monument historique dont le sens pourrait être utilement expliqué à nos prôneurs de liberté; l'ordre de primogéniture, qui est l'ordre purement naturel, était dominé par ce principe supérieur qui appartient à l'ordre moral et qui vivifiait toute la société chrétienne : que le pouvoir doit être donné au plus digne. Les princes, élevés et instruits par nos évêques, apprenaient ainsi qu'il était de leur intérêt de faire concorder leurs titres personnels avec les justes exigences de la nation. Et quand le moment était venu de les présenter aux peuples comme leurs futurs chefs, les princes régnants n'attendaient pas que, la mort venant les priver de toute autorité, un héraut se levât pour crier : *Le Roi est mort : Vive le Roi !* Agissant comme représentants de la nation et avec le concours de leurs pairs et des grands, ils assuraient d'avance la paix de l'Etat et rendaient impossibles toutes compétitions en faisant reconnaître et sacrer leur successeur de leur vivant. N'est-ce pas à l'empire de ce droit ainsi compris et pratiqué que nous devons d'avoir compté si peu de princes indignes depuis l'époque où le christianisme avait eu le temps de pénétrer dans nos institutions ?

Tel est le droit chrétien, tel a été le droit monarchique français ; on conviendra qu'il est un puissant obstacle préventif à la tyrannie ; le faire connaître, en ramener l'intelligence et en préparer le retour est la meilleure garantie que l'on puisse offrir à la liberté des peuples (1).

Que ceux qui voudraient le contester veuillent bien y réfléchir et se demander auparavant s'ils ne s'exposent pas à étouffer la vérité, le droit et les notions d'ordre politique et chrétien dont la société a si grand besoin.

____

(1) Voir sur cette question l'opuscule publié à la librairie Palmé, sous le titre : *Une question politique soumise au Concile. En quoi consiste la légitimité du pouvoir ?*

Le pouvoir monarchique en France était tempéré par les institutions. Il n'était pas, tel que nous nous le figurons aujourd'hui, comme un monument, colonne ou pyramide, s'élevant isolé au milieu d'un immense terrain nivelé. L'ordre naturel des choses avait constitué au sein de la société une sorte de hiérarchie politique et sociale dont le pouvoir royal n'était que le plus haut degré et le couronnement. Immédiatement au-dessous du roi, et plutôt à côté de lui qu'au-dessous de lui, étaient de grands seigneurs presque aussi puissants par l'étendue de leurs domaines et de leurs droits, et dans lesquels il reconnaissait plutôt encore ses *pairs* que ses sujets. Entre le souverain et le peuple il existait une noblesse, indépendante par sa fortune territoriale, jouissant d'une influence qu'il fallait respecter, et qui, elle aussi, pouvait s'attribuer une certaine *parité* avec le roi, puisqu'il n'était que le premier gentilhomme de son royaume. Enfin le clergé, puissant par ses lumières, par son ascendant moral et par ses richesses, était, auprès du pouvoir suprême, un élément modérateur comme auprès de tous les autres pouvoirs et des autres influences qui s'exerçaient sur la société.

Là se trouvaient les véritables éléments, les éléments naturels de la représentation nationale ; aussi n'était-il pas besoin que dans leurs assemblées des *champs de mai,* les seigneurs et les évèques jouissent du privilége de voix délibérative pour faire accepter autant qu'elles pouvaient l'être leurs remontrances et l'expression de leurs vœux pour le bien de l'État.

Leur autorité morale y suffisait, en laissant parfaitement intacte la dignité et la plénitude du pouvoir souverain, car le prince pouvait aisément s'apercevoir qu'il n'était pas de son intérêt de s'aliéner l'esprit et le concours des hommes les plus respectés et les plus puissants de l'Église et de l'État.

Une partie de ces éléments n'existe plus, et l'on ne peut pas les reconstituer en un jour; tout au plus est-il possible d'en rétablir le principe, d'en déposer le germe et d'en favoriser le développement. On ne crée pas plus les sommités sociales que l'on ne construit des montagnes; la noblesse ne se donne pas, elle s'élève d'elle-même et le pouvoir ne fait que la constater. Il ne reste que le clergé, dont le rôle et le mode d'action ne peuvent plus être ce qu'ils ont été. Notre constitution est donc modifiée, on ne peut le nier; nous avons à remplacer les éléments de vie et d'action qui nous manquent et dont la privation trop prolongée amènerait inévitablement des crises violentes qui aboutiraient à la mort. Mais prenons garde de faire entrer dans notre constitution des éléments qui lui soient antipathiques; elle est monarchique et chrétienne, avons-nous dit; c'est là son caractère et ce qui a fait sa force; n'admettons donc rien qui ne soit conciliable avec la monarchie et le christianisme. Si nous devons demander à l'élection les éléments modérateurs dont le pouvoir a besoin, dégageons bien le principe électoral de tout ce qu'il a de révolutionnaire dans la forme d'application qu'on lui donne communément et qui a si puissamment servi à bouleverser les Etats.

8.

Que l'élection ne repose pas sur la base de la souveraineté du peuple et ne confère aucun pouvoir à celui qui est élu; car dans une monarchie tout pouvoir doit venir d'en haut et n'être qu'une délégation de l'autorité souveraine. Constituer dans l'Etat deux sources de pouvoirs opposées l'une à l'autre ou simplement indépendantes l'une de l'autre, c'est briser l'unité et détruire la *monarchie*.

Par conséquent l'élection ne peut équivaloir qu'à une simple présentation, et porter sur un assez grand nombre de sujets pour que le pouvoir ait ensuite la faculté de choisir ceux qu'il lui plaira d'accepter pour conseillers ou pour délégués.

Mais avant tout l'élection, pour être un acte raisonnable, suppose deux choses : la connaissance de celui qu'on élit, et la connaissance de l'objet pour lequel on l'élit; plus on s'éloigne de ces deux conditions, plus l'acte électoral manque de sens et peut devenir subversif.

Que le droit d'élire enfin ne porte pas la division au sein de la famille; qu'il appartienne au chef seul, car toute saine politique doit se garder de fractionner et d'individualiser, mais bien plutôt tendre à grouper et à reconstituer de grandes et de fortes unités, à commencer par celle de la famille, qui est de droit naturel et divin.

Or, le chef de la famille lui-même n'est apte d'ordinaire à connaître, en dehors de sa sphère propre, que les intérêts de sa commune et les hommes auxquels ils peuvent être plus utilement confiés. Que le chef de famille ne soit donc appelé à élire que les membres de l'administration communale.

Que les conseils municipaux choisissent dans leur sein les hommes qui peuvent le mieux représenter les intérêts de la commune au conseil cantonal.

Que les conseils cantonaux présentent à leur tour quelques-uns de leurs membres pour siéger au conseil général.

Et qu'enfin les conseils généraux soient seuls investis du privilége de présenter au pouvoir les membres du conseil national.

On aura là du moins les conditions premières absolument requises pour qu'une élection soit, non pas en elle-même un acte sage et utile, mais du moins, comme nous l'avons dit, un acte justifiable au point de vue du bon sens.

Tout système électoral où l'individu est constitué juge d'intérêts bien au-dessus de sa portée, ou appelé à élire d'autres individus qu'il ne connaît pas et pour des objets qu'il n'a pas appris à connaître, n'est qu'une indigne rouerie et un instrument de subversion. Dans les âges futurs on pourra se demander comment il y a eu un siècle assez stupide pour prendre au sérieux un pareil système, et l'on verra alors sans étonnement les catastrophes dont ce siècle aura été rempli.

L'application que l'on a faite du principe électoral l'a tellement vicié et a tellement faussé l'esprit des peuples, que la pratique en est peut-être devenue impossible, même dans les conditions les meilleures auxquelles on puisse le ramener. Pour le moment, du moins, il semble que cette question doive être laissée en suspens, jusqu'au jour où l'intelligence des choses ayant été ramenée par une sage direction donnée à la presse et les abus écartés par une assez longue désuétude, il sera permis d'y recourir avec moins de danger.

Toutefois un conseil national, qui est à peu près indispensable en toute hypothèse, ne peut guère se composer que par voie d'élection attribuée aux conseils généraux. Dans les conditions que nous avons indiquées, et avec des conseils généraux qui, au lieu d'être le résultat de l'élection populaire, seraient composés d'hommes honorables choisis par une administration honnête et intelligente, le conseil national présenterait assurément une élite d'hommes investis au plus haut point de l'estime publique et de la confiance de leurs concitoyens. Réunis, ils formeraient un corps non moins respectable que les assemblées des seigneurs aux anciens temps de la monarchie, et l'autorité morale dont ils jouiraient donnerait à leurs avis et à leurs vœux plus de poids que si le droit de vote délibératif faisait d'eux les rivaux du pouvoir.

Et ce conseil aurait encore une plus haute autorité morale, il se rattacherait mieux aux traditions monarchiques du royaume très-chrétien, si aux représentants de la nation s'adjoignait un certain nombre de représentants de l'Église, députés par leurs collègues dans l'épiscopat, et investis par conséquent d'une mission régulière. Ce qu'il y a de juste et d'acceptable dans les idées de notre siècle ne pourrait être froissé, du moment où les Évêques auraient droit d'assistance aux réunions et aux assemblées, non pour prendre part à des discussions politiques, administratives et profanes, mais pour exprimer les vœux de l'Église, réclamer à temps au nom d'intérêts sacrés qui pourraient être compromis ou menacés, et veiller avec sollicitude à la conservation de l'harmonie entre les deux puissances.

Avec de telles institutions, vraiment modératrices du pouvoir, et en se rattachant aux principes du droit chrétien, la France, sans cesser d'être elle-même, et en retrouvant au contraire toute la vertu de son ancienne constitution, aurait résolu le problème moderne : maintenir l'ordre en sauvegardant la liberté des peuples.

Est-il nécessaire que dans les conditions nouvelles de la monarchie, le Roi soit entouré de nouveaux *pairs*?

S'il y a nécessité, ne faut-il pas laisser au temps le soin d'y pourvoir? N'allons pas croire que la pairie créée en notre siècle constitutionnel ait eu d'autre rapport que le nom avec ce qui existait dans l'ancienne monarchie. Qu'il y ait dans un État quelques grands personnages dont la position se rapproche assez de celle du monarque pour que celui-ci les honore d'un titre particulier et consente à leur donner le nom de *pairs,* faut-il voir là une institution distincte, ou bien plutôt un complément naturel de la royauté? N'est-ce pas un collége de princes, formant avec le souverain une même personne morale, comme le collége des Cardinaux n'en forme qu'une avec le Chef de l'Église?

Au lieu de cela, et pour couvrir d'un nom trompeur une partie des emprunts que nous faisions à l'étranger, on a donné le nom de pairie à un corps composé non pas, certes, exclusivement des grands de l'État, et destiné à être un des deux pouvoirs qui devaient tenir en échec le pouvoir royal. Que l'on y voie, si l'on veut, un élément modérateur du pouvoir issu de l'élection, il restera toujours un des rouages de ce système de pondération qui est la négation radicale de la monarchie. La pairie créée par la Charte n'a donc pas été une institution monarchique, ce n'a été qu'une institution révolutionnaire, ainsi que l'ont avoué plusieurs de ceux qui en avaient fait partie.

II.

S'il n'y a pas de monarchie réelle et durable sans institutions monarchiques, on peut dire qu'il n'y a pas d'institutions monarchiques ni même de monarchie sans une noblesse, puisque le roi n'est et ne peut être que « le premier gentilhomme de son royaume. » Cette ancienne maxime est d'une vérité incontestable ; seulement il faut savoir l'entendre ; mais chercher un roi dans d'autres conditions, c'est préparer à l'État des troubles et des avortements ; le croire même possible, c'est ignorer ce qui constitue essentiellement la noblesse, ce qui la fait acquérir et ce qui la fait perdre.

Nous savons que pour bien des hommes sérieux et honnêtes, la reconstitution d'une noblesse est un problème tellement difficile qu'ils préfèrent ne pas s'en occuper en le déclarant tout simplement insoluble. On pourrait leur répondre par l'argument de nécessité, en leur répétant que s'il n'y a plus de noblesse possible, il n'y a plus de monarchie possible. Restera ensuite à eux à voir si l'on peut aspirer à être homme politique quand on est forcé de reculer devant la solution des questions les plus vitales de la société.

Si au contraire l'on veut étudier sérieusement cette question, je crois que l'on reconnaîtra facilement :

1° Que l'ancienne noblesse ne forme plus un corps qui puisse redevenir une institution politique ; qu'elle n'existe plus qu'à l'état de ruines, parfois admirables et dignes de respect, mais isolées au milieu d'éléments moins purs ou étrangers.

2° Que la déchéance de l'ancienne noblesse n'est point due à la Révolution, qui n'a fait que constater cette déchéance, mais que la noblesse elle-même est tombée par le vice de sa constitution, qui en avait fait une institution purement politique et non chrétienne.

3° Que la base essentielle de toute noblesse, c'est la considération publique, ou en d'autres termes la notoriété du mérite, lequel signifie nécessairement intelligence et vertus plus qu'ordinaires.

Tout ce que l'on voudra fonder hors de cette base

sera impolitique et ruineux, parce que la conscience
publique a parfaitement le sentiment instinctif de
cette vérité : que « dans une société chrétienne, l'élite
de la société ne peut être que l'élite des chrétiens
connus comme tels, » vérité qu'il faut mettre en
lumière et non étouffer dans la pratique.

Le problème à résoudre sera donc de rechercher les
éléments qui sont restés ou se sont mis au plus haut
point en possession de la considération publique, d'é-
tablir entre eux un lien d'association et de solidarité,
et enfin de leur constituer un intérêt qui les invite à
ne pas déchoir. Le problème n'est pas insoluble, quoi
qu'on en dise, ni même aussi difficile qu'on pourrait
le croire ; la première condition est de l'aborder sérieusement en mettant de côté tout préjugé de position et toute passion plébéienne ou aristocratique ; la
seconde est de se donner le temps de l'étudier. La
matière est trop étendue pour que nous entreprenions
de la traiter ici, et nous n'avons pas besoin de répéter
ce qui a été dit, il y a quelques années déjà, dans les
Lettres sur l'aristocratie et la propriété (1) ; nous ne pouvons qu'y renvoyer. Seulement nous ferons observer
que les moyens à prendre par un gouvernement sage
pour aider à la reconstitution de la propriété ne sont
pas les seuls qui puissent aussi aider à la reconstitution d'une aristocratie régulière et chrétienne ; il y a
en outre, et peut-être plus encore, le devoir imposé à
l'autorité souveraine, d'honorer et d'encourager le

(1) Paris, chez Louis Vivès.

vrai mérite en récompensant les services rendus à la société. Le devoir, généralement fort mal compris, et surtout fort mal rempli à la veille et au milieu de nos révolutions, a cependant toujours été reconnu non seulement en principe, mais encore dans le mode d'application que nous indiquons ici, puisque plusieurs souverains ont créé des ordres nobiliaires. Ce point n'ayant pas été touché dans les *Lettres sur l'aristocratie*, nous y consacrerons quelques pages d'étude ; mais complétons auparavant notre coup d'œil général sur les conditions de la monarchie très-chrétienne à notre époque.

III.

Il s'est élevé de nos jours, au sein de la société, une puissance nouvelle, celle de la presse, ou plutôt du journalisme. On peut se demander si c'est là une puissance régulière, née du besoin réel des temps et d'un besoin non pas seulement passager, mais désormais permanent. Par là, nous serons mieux en mesure de dire quel doit être son rôle dans l'avenir.

La liberté de la presse est la conséquence rigoureuse du principe de la souveraineté du peuple ; nous n'avons pas besoin de le démontrer. Elle est aussi l'appendice nécessaire des systèmes constitutionnels et parlementaires, autrement dit de pondération des pouvoirs; aussi tous ceux qui sont obligés de la condamner en principe d'après le *Syllabus* et le Concile, et qui gardent dans leur cœur les doctrines du libéralisme, espèrent-ils éluder en pratique les condamnations portées, en se rattachant aux formes constitutionnelles et en s'efforçant de nous les ramener. C'est là leur dernier retranchement, comme ce sera celui de la Révolution, à laquelle ils se trouvent associés et dont ils font les affaires.

Ne confondons cependant pas la liberté de la presse avec le journalisme, et n'allons pas envelopper celui-ci dans la juste réprobation qui pèse sur celle-là. Les mêmes moyens qui sont laissés à tous pour faire le mal et propager l'erreur, ne doivent-ils pas être employés dans l'intérêt du bien et pour la défense de la vérité? Et si le journalisme est ainsi devenu une puissance soit au profit des bons, soit au profit des méchants, on peut dire que c'est une puissance née de l'empire des circonstances, puissance régulière en tant qu'elle s'exerce pour le bien, puisqu'elle répond à une nécessité des temps, mais puissance nécessairement éphémère et qui doit se retirer dès que l'empire des circonstances très-anormales qui l'avaient fait naître a disparu devant un ordre de choses plus régulier.

Le journalisme cesse d'être une puissance régulière du moment où, ne pouvant plus invoquer la nécessité d'exister, il ne relève plus de l'initiative privée et redevient un simple moyen d'action entre les mains de l'autorité pour éclairer ceux qui ont besoin de l'être. Et quelle nécessité peut invoquer le journalisme pour s'imposer à la société quand la paix publique est assurée et les intérêts individuels protégés par un pouvoir qui comprend sa mission et veut y être fidèle? Quel est donc l'écrivain qui aura la présomption de venir dire à ce pouvoir : « La société a des aspirations et des besoins que vous ne sauriez comprendre si je ne m'en fais l'interprète auprès de vous, et que vous ne satisferiez jamais si je ne m'appuie sur l'opinion publique pour vous forcer à agir, ou si je ne dispose les masses à recevoir votre action?» Au fond toute prétention de fonder un journal politique signifie cela : qu'il y a dans la société des intérêts graves que le pouvoir compromet, néglige ou ne comprend pas, et pour lesquels il faut qu'une voix s'élève publiquement, afin que le pouvoir soit éclairé et subisse une sorte de contrainte morale. Prétention modeste, comme on le voit, et très-flatteuse pour le pouvoir, mais qui s'impose forcément aux gouvernements *libéraux* et à laquelle ils sont obligés de faire droit, mais prétention insolente et que l'on se garde bien d'élever en face d'un gouvernement intelligent et honnête. Tels sont cependant les motifs les plus avouables à faire valoir pour établir une œuvre de publicité, et tel est le résumé de tout programme politique quand on ose en faire, car les véritables motifs ne peuvent quelquefois pas s'avouer.

On a souvent parlé de la « mission du journalisme.» Nous la concevons très-bien pour l'écrivain consciencieux qui peut se dire qu'il ne fait que répondre aux désirs des plus honnêtes gens en prenant la plume pour la defense d'intérèts précieux et sacrés compromis par la faiblesse ou le mauvais vouloir d'un gouvernement. Mais nous voudrions bien savoir quels peuvent ètre les caractères de cette mission sous l'empire d'un pouvoir régulier, par conséquent non constitutionnel et *libéral*. Dans un Etat bien organisé, il n'y a que deux sortes de pouvoirs au-dessus de la société domestique : la puissance séculière et la puissance spirituelle ; toute espèce d'action publique relève nécessairement de l'une ou de l'autre de ces puissances ou des deux à la fois, et nul n'a mission d'agir s'il n'est envoyé par elles. La publication d'un livre est une simple faculté qui peut être préventivement laissée à tout écrivain qui se soumet aux chances de répression légale comme de succès moral et matériel ; mais le journalisme a, par sa continuité et son actualité de chaque jour, une action tout autrement puissante que le livre, et ceux qui ont parlé de sa mission étaient dans le vrai peut-être plus qu'ils ne le pensaient en faisant entendre que celui qui exerce une telle puissance doit être *envoyé,* et ne pas relever seulement de lui-même.

Tel est réellement l'ordre, autant qu'il nous est donné de le comprendre, et ainsi se trouve justifiée en principe l'opinion qui a déjà été émise, que sous un gouvernement régulier il ne doit y avoir qu'un seul journal politique recevant mission ou autorisation spéciale pour seconder l'action du pouvoir et la préparer s'il y a lieu. Que ce journal se confonde avec le journal officiel ou qu'il se publie en dehors, ce n'est là qu'une question secondaire et qui importe assez peu ; mais ce qui est incontestable, c'est que l'ordre ne saurait subsister longtemps dans un Etat lorsque différents organes de publicité suscitent et entretiennent des divergences dans les esprits, divergences qui, au premier abord, peuvent paraître de simples nuances, mais qui, s'accusant chaque jour davantage, arrivent facilement à prendre la couleur et l'esprit de parti. Si l'unité de direction à donner à la pensée publique est jamais nécessaire, c'est surtout au lendemain des commotions politiques, alors que la société a été déchirée par les factions, que l'opinion a été faussée, la conscience publique obscurcie, que toutes les vérités sur lesquelles l'ordre repose ont été étouffées sous des masses de sophismes. Comment alors rendre aux esprits cette paix dont ils ont besoin, à laquelle ils aspirent, et qui est la condition première de la paix intérieure et matérielle, si l'on ne fait préalablement respecter le silence qui suit d'ordinaire les grandes secousses ? Qu'aussitôt les peuples entendent une seule voix s'élever, qui parlant tout à la fois à leur raison et à leur conscience, soit la justification simple et lucide de tous les actes de l'une et de l'autre puissances, la lumière se fera, la vérité reprendra son empire, et la soumission des peuples, résultat d'abord de la nécessité, deviendra volontaire et libre au sein de l'unité.

Qu'on laisse, au contraire, l'attention publique appelée chaque jour sur des productions diverses, quelque honnêtes que soient les feuilles qu'on laissera publier, quelque intention droite qui anime leurs auteurs, on peut être certain d'une chose : c'est que bien des gens n'entendront jamais ce qu'il importe au gouvernement de leur faire entendre et ce qu'ils auraient besoin de savoir. Écoutant d'autres voix qui leur plairont davantage, ils ne comprendront point la direction que leur donne le pouvoir, et ils n'auront pour lui qu'une déférence privée de sympathie ; ils lui obéiront parce qu'après tout la société ne peut se passer d'un chef, mais tout disposés à se rallier avec une égale indifférence au premier qui viendra se substituer à lui.

Voilà le moindre mal que l'on puisse attendre d'un journal fait en dehors de la mission officielle et dû au zèle de l'initiative privée.

Nous le connaissons depuis longtemps ce zèle, et nous savons que d'illusions il recouvre, que de passions jalouses, vaniteuses et cupides s'abritent sous ces dehors. Si la puissance de la presse vient à disparaître avec les circonstances qui l'avaient rendue nécessaire, elle laissera peu de chose à regretter à ceux qui l'ont vue de près et qui n'y ont cherché ni la popularité ni la fortune. Ce ne sera pas à elle qu'il appartiendra de jeter la pierre à de plus hautes puissances (*potestatibus sublimioribus*) et de leur reprocher qu'elles se sont perdues par leurs fautes. S'il lui reste quelque franchise et quelque intelligence, elle reconnaîtra qu'elle n'a pas mérité une plus longue vie, et si elle croit avoir fait un peu de bien aux jours de son omnipotence, elle pourra s'estimer heureuse d'être admise à en faire davantage en abdiquant et se mettant au service d'un pouvoir plus auguste et plus chrétien dans son titre et dans sa source.

ORDRE NOBILIAIRE

Le plus auguste des attributs de la majesté souveraine et le but le plus direct de sa mission, n'est pas,
comme on se le figure, la répression du mal et la défense de la société contre ceux qui menacent son
existence ou son repos : c'est la protection du bien; et
c'est pourquoi le prince est appelé par l'Écriture
« ministre de Dieu *pour le bien* (1); c'est là son premier
et son véritable titre; celui qui vient ensuite : *vengeur
de la justice envers celui qui fait le mal*, n'en est que
la conséquence et la condition nécessaire. Ce qui fait
la vie de la société, c'est l'activité, le développement
et l'ardeur communiqués aux éléments du bien, et
non pas la répression même la plus assurée aux éléments du mal. Donner aux peuples une autre idée du
pouvoir, c'est le dépouiller de son caractère le plus
noble et le plus sacré, pour ne lui laisser que ce qui
peut le faire redouter et le représenter comme ennemi
de la liberté. C'est aussi ce que la Révolution n'a pas
manqué de faire.

Les derniers Pontifes, Grégoire XVI et Pie IX,

(1) Rom. 13. 4.

n'ont donc fait qu'exprimer une tradition parfaitement conforme au texte sacré, lorsqu'ils ont invité
les princes chrétiens à se rappeler ce que leur disait
saint Léon, que « la puissance royale leur a été donnée non pas seulement pour gouverner le monde,
mais surtout pour protéger et défendre l'Église, »
qui est la grande école où l'on apprend à connaître et
à pratiquer le bien.

C'est aussi dans le même esprit que nos sociétés
chrétiennes ont adopté comme emblême de la puissance souveraine la main de justice, qui n'a pas seulement à s'appesantir sur le coupable, mais qui sait
aussi s'ouvrir au profit de l'indigent, porter secours
au faible et demeurer toujours amicalement tendue à
tous les amis du bien.

Mais la protection du bien, pour être réelle et efficace, ne peut pas se borner à une simple bienveillance;
elle doit se traduire par des actes et des témoignages
extérieurs. Le public ne croit qu'à ce qu'il voit, et il
n'ajoute foi aux paroles qu'autant que les faits y ré-
pondent. Il ne suffit pas de dire : « Il est temps que
les bons se rassurent; » il faut montrer que l'on n'a
d'estime que pour les bons, les honorer et s'appuyer
sur eux. « Voulez-vous n'avoir rien à craindre du
pouvoir, dit saint Paul, faites le bien et il vous honorera (1). » Les envoyés du prince eux-mêmes doivent
avoir pour mission, non-seulement de réprimer les
méchants, mais encore d'encourager et d'honorer les.

(1) Rom. 13. 3.

bons. *Obedite... sive regi, sive ducibus ab eo missis ad vindictam malefactorum, laudem vero bonorum*(2). L'indifférence pour le bien et le mal n'est pas plus permise en politique qu'en morale ; car toute politique, pour être digne de ce nom, doit *faire en sorte que les hommes trouvent leur intérêt à faire le bien.*

Il faut avoir le courage de le reconnaître : la société a été conduite aux abîmes d'où elle s'efforce de sortir, par l'oubli complet de ce premier devoir de l'autorité. Lorsque le pouvoir n'a pas été entre des mains hostiles à toute espèce de bien, comme nous l'avons vu depuis longtemps, il s'est rarement exercé en dehors des intérêts dynastiques et personnels ; le premier titre de recommandation a été d'être aveuglément dévoué à la personne du souverain, et ce titre l'a emporté sur toute autre considération religieuse, morale et politique. Or, dans les meilleurs temps, l'attachement le plus hautement formulé pour la personne du souverain ne constitue pas à lui seul l'homme de mérite et digne d'estime ; mais dans les années que nous venons de traverser il n'a guères caractérisé que les hommes qui veulent à tout prix arriver à la fortune et aux honneurs.

La société se relèvera par une conduite tout opposée de la part du pouvoir. S'il est assez généreux, assez désintéressé pour s'oublier lui-même en ne voulant honorer et mettre vue que les hommes de bien, il donnera la plus haute et la plus forte impulsion à ce

____

(2) 1. Petr. 2. 14.

mouvement heureux qui déjà ramène visiblement les esprits vers les pensées sérieuses, morales et chrétiennes ; ce sera le premier pas fait dans les voies de la transformation sociale à laquelle il faut arriver si l'on ne veut retomber bientôt plus bas encore que nous n'étions ; et le pouvoir aura trouvé pour lui-même le moyen le plus sûr de se consolider, par le respect et la confiance des peuples.

On peut certainement objecter avec raison que le pouvoir n'est pas appréciateur compétent de toute espèce de bien, et l'on en tirera peut-être cette conclusion qu'il s'expose à blesser la justice en récompensant un mérite moindre, tandis qu'il laisse dans l'oubli un mérite supérieur.

Ne confondons pas ici, avec une certaine école qui a trop embrouillé toutes les questious, l'ordre extérieur, dont le prince est le chef, le juge et le gardien, et l'ordre spirituel, dont il est simplement le protecteur. Nous ne demanderons jamais aucune distinction séculière pour le clergé, parce que les services qu'il rend appartiennent précisément à cet ordre supérieur où le prince n'a pas à intervenir et où l'Église est seule juge compétent. Vouloir récompenser chez un ecclésiastique des services d'un autre ordre, ce serait réellement là s'exposer à blesser la justice en distinguant un homme moins digne de distinction que bien d'autres, et ce serait en outre l'encourager à rechercher une autre sorte de mérite que celui auquel il doit aspirer. Que l'on fasse au corps entier du clergé une position qui l'honore aux yeux des peuples, mais

que l'on s'abstienne de toute action et de toute influence individuelle à l'égard de chacun de ses membres, c'est la meilleure manière d'assurer l'indépendance et la liberté de l'Église.

Mais dans l'ordre extérieur, il y a des services éminents que le prince ne peut se dispenser de reconnaître et d'honorer. Cs sont ceux qui ont pour but le
salut et l'intérêt général de la société. Les sociétés ne
périssent pas seulement par l'action de la force extérieure qui les ruine et les détruit; cette destruction
matérielle n'est d'ordinaire, et il faut peut-être dire
toujours, que la conséquence et le châtiment de la
dissolution morale et sociale; cela ne peut faire aucun doute pour nul homme sérieux. Il est donc
évident que ceux qui rendent le plus de services
à la société, même dans l'ordre extérieur et politique,
sont ceux qui luttent avec plus d'intelligence et de
dévouement pour maintenir debout et faire prévaloir
ces principes et ces traditions de foi, de moralité et
d'honneur sans lesquels il n'y a plus que corruption,
décadence et dépérissement. Et si l'on récompense
avec raison l'homme qui met au service de son pays
la science et la valeur militaire pour repousser l'étranger, que ne doit-on pas à celui qui sait dénoncer à
temps les complots et les menées des plus redoutables
ennemis de l'État, qui les démasque, qui les suit, et
consume sa vie à défendre contre eux plus que les
frontières, plus que le sol de la patrie, plus que la
personne du souverain, mais l'autorité elle-même
attaquée dans ses bases et ses conditions les plus

indispensables à la paix et à la vie de la société ?

C'est ainsi que la question doit être aujourd'hui posée. Il est temps de sortir de ces traditions grossières que nos siècles modernes ont fait revivre des époques de barbarie, qui ne tiennent compte que des choses extérieures et nous jetteraient à tout jamais sous l'empire des faits accomplis. Il est temps de reconnaître que la force n'est pas la plus noble des puissances et que savoir l'employer même à propos ne constitue pas le premier mérite de l'homme. Il est temps de se demander ce qui soutient réellement les Etats, ce qui les fait vivre et les honore, afin de voir quel est le bien qu'il faut par-dessus tout encourager, quelle est l'action salutaire qu'il faut avant tout provoquer et seconder, quels sont les hommes qui ont le plus fait pour défendre la société et sur lesquels il faut s'appuyer pour la sauver.

La lutte dont nous attendons la fin prochaine n'a eu d'égale dans l'histoire du monde que celle que l'Eglise a eue à soutenir dans les trois premiers siècles de son existence. Et ce nouveau Concile, tenu comme le premier après trois cents ans, n'aura-t-il pas aussi à exprimer, dans ses acclamations, sa reconnaissance à un nouveau Constantin vainqueur aussi par la croix ? Car c'est bien à la croix, c'est-à-dire au Christianisme, que la Révolution a livré la guerre depuis près d'un siècle, quoi que puissent dire ses derniers représentants, Napoléon et Guillaume. Que l'un soit venu nous parler du Christ, ou que l'autre remercie le ciel des victoires qu'il doit à la trahison, ce langage hypocrite ne peut tromper que les niais, et il n'en est pas moins vrai que la Révolution, dont ils ont cru se servir et dont ils n'ont été que les instruments, est l'ennemie de toute religion révélée et qu'elle tend, comme l'a très-bien démontré le docteur Stahl, à substituer partout la volonté humaine à la volonté divine.

C'est donc contre de nouveaux infidèles qu'ont eu à lutter ceux qui se sont dévoués à combattre la Révolution dans ses doctrines et dans ses actes. Et ces infidèles, dont le nombre s'est multiplié sur tous les points du globe, ont pu compter sur la complicité de tout ce qui n'était pas chrétien, pour l'exécution de leurs entreprises contre les trônes et pour l'asservissement des nations. Arrivés partout au pouvoir, ils ont transformé la politique et en ont fait l'ennemie de l'Église; ils ont enveloppé la société chrétienne d'un vaste filet dont les mailles ont laissé échapper à peine quelques-uns qui n'étaient pas des leurs. Ceux qui se sont dévoués à lutter contre eux n'ont été soutenus et encouragés par aucune puissance; ils ont vu les distinctions honorifiques aller trouver les corrupteurs de la morale; l'Église, qui a des dignités pour ceux qui par état sont obligés de défendre la doctrine et les mœurs, n'a pu leur offrir aucune compensation humaine, et ils ont dû se résigner à vivre isolés au sein de la société, étrangers à la fortune, aux honneurs, contents de l'approbation de quelques hommes de cœur et de foi comme il s'en rencontre toujours chez les nations qui ne sont pas irrévocablement condamnées à périr.

Voilà les conditions peu brillantes de cette nouvelle

croisade, où il s'agissait cependant d'un intérêt plus vital et plus grand que celui qui avait armé l'Europe il y a huit siècles. Les ennemis de la croix, que nous allions alors chercher au delà des mers, sont aujourd'hui au milieu de nous; ils nous pressent, ils nous menacent, ils nous supplantent; ils ont atteint le centre même de la catholicité où ils espèrent que l'Église, dans la personne de son dernier pasteur, trouvera son tombeau au lieu même où elle avait fixé le siége de sa puissance.

A-t-on eu tort de dire, il y a vingt ans, que de cette lutte il surgirait une aristocratie nouvelle, plus chrétienne encore et plus pieuse que celle qui a conquis ses titres en combattant pour la délivrance des lieux saints? A la suite des événements mémorables qui ajoutent à la grandeur des États ou qui les sauvent d'une ruine imminente, nous voyons quelquefois décerner des distinctions spéciales à ceux qui y ont pris une plus large part, et c'est en se rattachant à ces traditions que l'envahisseur des États pontificaux vient d'instituer, nous ne dirons pas l'ordre, mais la décoration de la Couronne d'Italie. Est-ce que, pour reconstituer la société chrétienne et la mettre à l'abri des nouvelles attaques de l'impiété révolutionnaire une fois vaincue, le pouvoir ne devra pas s'appuyer avant tout sur ces éléments éprouvés par une lutte intelligente et soutenue contre la Révolution? Ne leur devra-t-il pas un témoignage de sa confiance, témoignage qui atteste les services qu'ils ont rendus? Et s'il peut, au milieu de l'effondrement de toutes les institutions anciennes ou

modernes, naturelles ou factices, trouver là les maté-
riaux d'une nouvelle institution vraiment politique,
liée aux intérêts de son trône comme à ceux de la morale et de la religion, comment négligerait-il ce moyen
de donner à la société les garanties d'ordre dont elle
a si grand besoin? Or, ce sont là des avantages qu'il
peut aisément trouver ici et qu'il chercherait vainement ailleurs. Où prendrait-il en effet les éléments de
ces institutions monarchiques sans lesquels une monarchie ne peut longtemps se soutenir? Quelle classe
d'hommes lui présentera cet ensemble de qualités intellectuelles et morales qui appellent la confiance
parce qu'elles commandent l'estime et le respect? Et
si l'on fait abstraction des classes, du reste aujour-
d'hui si difficiles à retrouver, si difficiles surtout à
faire accepter, comment ne pas se perdre au milieu
de la foule des individus, dès que l'on ne veut pas
absolument distinguer avant tout ceux que la Révolution elle-même a distingués, soit en les persécutant
dans leur personne, soit en cherchant à entraver leurs
œuvres?

Ici se trouvent indiquées deux catégories d'hommes
qui appellent sur eux l'attention du pouvoir. Nous
dirons d'abord « ceux qui ont été persécutés dans leur
personne, » et ils sont assez nombreux, non pas que
beaucoup l'aient été pour s'être attaqués directement
à la Révolution en la démasquant et en lui opposant
les principes immuables de l'ordre; mais il est, dans
toutes les carrières civiles et militaires, bien des hom-
d'un mérite et d'une supériorité parfaitement consta-

tés, qui ont été longtemps repoussés ou maintenus dans les rangs inférieurs uniquement à cause de leurs principes religieux. C'est cette monstrueuse iniquité qui a rempli l'armée et les fonctions publiques d'hommes indignes, qui a été ainsi la principale cause de nos humiliations et de nos catastrophes, et qui doit être au plus tôt et noblement réparée. C'est là ce qui doit inaugurer l'ère dans laquelle nous allons entrer et qui a été saluée et annoncée, il y a bien des années, comme une *ère de réparation et de justice*. Heureux le prince qui saura l'accomplir avec fidélité et dans toute l'étendue qu'elle comporte ! heureux s'il sait comprendre que ce sont là les premiers et les plus sûrs éléments de l'ordre nouveau qu'il est appelé à fonder !

La Révolution est le contraire et le renversement de l'œuvre divine ; aidée de l'action du bonapartisme et des Sociétés secrètes, elle a toujours tendu à porter au sommet de la Société ce qui devait être en bas, et *vice versa*. Elle n'y a pas complétement réussi, sans quoi il suffirait, pour rétablir l'ordre, de faire le contraire de ce qu'elle a fait ; mais nul système ne prévaut jamais dans toute son étendue, parce qu'il doit être appliqué par des hommes, et que dans la pratique les hommes ne se trouvent jamais ni aussi bons ni aussi mauvais que leurs principes. Mais ce que la Révolution a fait parmi nous a suffi pour ruiner et bouleverser la société, et elle l'a fait en appliquant à sa manière la grande maxime : Régner c'est choisir. On a donc à se dire qu'elle sera vaincue dès que l'on ramènera aux rangs supérieurs de la société ceux dont elle redoutait le caractère et les principes et qu'elle eût voulu maintenir dans les bas-fonds. C'est là que l'on trouvera des hommes qui ont appris à la connaître et qui sauront la combattre.

Une seconde catégorie d'hommes dignes de toute espèce de distinction, ce sont ceux qui, se tenant en dehors de toute carrière publique, ont servi la société et combattu la Révolution par leurs œuvres, en consacrant leurs talents, leurs biens et l'activité de leur vie à subvenir aux diverses nécessités de toutes les classes sociales. Gentilshommes ou non par la naissance, ils l'ont été réellement, et dans la véritable acception du mot, par l'ensemble de leurs actes, puisqu'ils se sont occupés des intérêts publics sans aucun bénéfice pour eux-mêmes. Comme les premiers, ils ont fait le bien lorsqu'il n'y avait pour eux aucun avantage humain à le faire, et lorsqu'au contraire tout les portait à transiger avec les inspirations de leur conscience.

Grâce donc à cette persécution qui a pesé si longtemps sur tout ce qui est chrétien et qui s'est encore aggravée dans ces dernières années, le pouvoir se trouve en mesure aujourd'hui de s'entourer d'hommes éprouvés et chez lesquels il n'y a pas plus à craindre les défaillances de la fidélité que les exagérations d'un zèle hypocrite et d'un dévouement intéressé. Si les difficultés de la reconstruction sont grandes, avouons que la Providence a pris soin d'aplanir singulièrement la première et la plus grande de toutes.

Mais avant même de se servir des hommes ou plutôt

de faire un nouvel appel à leur dévouement, n'y a-t-il pas lieu de reconnaître, avant tout, les services qu'ils ont rendus et d'honorer la fidélité qu'ils ont montrée alors qu'ils avaient tout à perdre et rien à gagner en restant fidèles ?

Si parfois les circonstances ont appelé la création d'une distinction nouvelle, il semble que ce sont bien celles par lesquelles la France et l'Eglise viennent de passer depuis quatre-vingts ans, c'est-à-dire depuis depuis l'époque où a commencé une nouvelle persécution ouverte contre le Christianisme par le renversement des trônes et des institutions sociales qui lui servaient de rempart et d'appui. Cette guerre nouvelle, où la véritable politique n'a pas été moins attaquée que la véritable religion, et que de prétendus catholiques ont cru terminer en prêchant la séparation de l'une et de l'autre, ne finira au contraire que par leur parfait accord, par la reconstitution de la monarchie très-chrétienne et par des institutions politiques basées sur l'esprit religieux. Une dictinction nouvelle, accordée aux hommes qui ont le mieux mérité de la religion et de la société dans ces derniers temps par leur dévouement et par les persécutions qu'ils ont subies, pourrait devenir le principe d'une grande institution tout à la fois politique et chrétienne, en même temps qu'elle serait l'accomplissement de ce devoir imposé à la puissance séculière, d'encourager et d'honorer ceux qui font le bien.

Pour cela il suffirait, mais aussi il faudrait, que la distinction nouvelle constituât un ordre, dans la véri-

table acception du mot, et non pas dans le sens vague
et faux qui s'attache à tant d'ordres militaires et civils
que l'on a prétendu créer dans ces derniers siècles. Il
n'y a pas un Ordre là où il n'y a pas un corps organisé
soumis à des règles spéciales, vivant de sa vie propre,
ayant au moins une certaine initiative pour s'assi-
miler ce qui lui est assimilable et rejeter ce qui est
en lui un principe de ruine et de mort. Ce n'est qu'à
ces conditions que la solidarité s'établit entre les divers membres, et ce sont bien là aussi les conditions
qui ont présidé à l'existence de tous les Ordres religieux et des premiers Ordres militaires.

La marche du temps n'a pas changé la nature des
choses, et ce n'est pas avec le besoin de réorganisation
qu'éprouve la société qu'il sera plus difficile de faire
accepter ce qui portera l'empreinte de la sagesse et de
la justice, et non pas de l'esprit de parti. Toutes les
conditions dont nous venons de parler pourront être
obtenues par cela seul que la distinction accordée
soit déclarée transmissible de sa nature à perpé-
tuité dans la famille en ligne descendante, sauf
pour chaque transmission nouvelle, la ratification de
l'Ordre dans la forme établie par les statuts. Dès lors,
en effet, l'Ordre est investi d'un droit de surveillance
sur tous ses membres, et de là découle naturellement
le droit de suspendre les effets du privilége accordé, le
droit de rechercher et de proposer ceux qui peuvent
lui être adjoints, le droit enfin de retrancher ceux qui
se sont rendus indignes. Or, tous ces droits, pour être
exercés régulièrement et sagement, supposent de toute

nécessité : organisation formée, juridiction spéciale ;
ils font naître et entretiennent l'esprit de corps, la
vigilance, l'activité et la vie.

A ce privilége, qui n'est onéreux en aucune manière
ni au peuple ni à l'État, il n'est pas besoin d'en joindre d'autres que ceux qui, en fait, découleront naturellement et doivent toujours découler au profit de
ceux qui sont en possession de la considération publique de la manière la plus incontestable et la mieux
établie. Du reste, qu'on le remarque bien : les avantages que l'organisation procurera à ses membres ne
sauraient sans injustice être considérés comme faits
à l'Ordre lui-même, puisque les individus dont il se
compose auraient droit à ces mêmes avantages par
cela seul que, considérés individuellement, ils sont les
plus dignes. L'Ordre n'a donc pas d'autre effet que de
mettre en vue le mérite et de le faire connaître par un
témoignage public auquel chacun peut accorder ou
refuser sa confiance ; or, cela peut bien porter préjudice à quelques hommes indignes, mais non pas à
l'État tout entier.

Du reste, les avantages d'une position si peu privi-
légiée en droit devront néanmoins, à notre avis, être
encore balancés et compensés par des charges légalement imposées, acceptées et reconnues. Nous ne vou-
lons, pour justifier ce nouveau point, d'autre principe
que celui-ci : c'est que l'on a droit d'imposer des obligations plus étroites à ceux que l'on place dans une
position plus élevée. Ces obligations seront, du reste,
dans la nature des choses, et elles découleront du fait

même de la constitution de l'Ordre par des conséquences aussi simples que les priviléges dont nous
avons parlé ; mais quant à l'application qu'elles doivent recevoir, l'expérience prouve qu'il ne faut pas
s'en rapporter uniquement à l'intérêt du corps et aux
traditions ; l'intérêt se comprend souvent fort mal et
les traditions s'altèrent aisément ; c'est pourquoi il
faut que le droit positif règle et détermine d'avance ce
à quoi chaque membre est tenu spécialement, soit envers le corps auquel il appartient, soit envers la société tout entière.

On nous permettra de nous arrêter ici et de ne pas
entrer dans le détail des règles à tracer et des statuts
à établir pour la constitution de l'Ordre. Nous croyons
que l'on gagne peu à livrer à la discussion les moyens
d'application quand les principes ne sont pas encore
admis et lorsqu'ils apparaissent comme chose trop nouvelle. D'ailleurs, en toute question pratique, la solution dernière doit être réservée au pouvoir ; outre
qu'il est seul juge compétent pour décider ce qu'exigent et ce que permettent les circonstances, sa liberté
est plus grande et son action plus efficace lorsqu'il
peut agir avant que nulle voix s'élève au milieu du
public pour lui dire ce qu'il doit faire. Soyons seulement persuadés de ceci : c'est qu'avec un Prince
animé de l'esprit de foi et d'intelligence nous pouvons
voir toutes les aspirations de notre époque vers la liberté et l'ordre merveilleusement satisfaites.

LA FUSION

Beaucoup de ceux qui s'occupent des affaires de l'Etat (et qui ne s'en occupe pas aujourd'hui ?) s'imaginent que le salut de la France ne peut résulter que de la fusion entre les deux branches de la maison de Bourbon. Et ceux qui préconisent cette idée, ceux qui expriment ce vœu appartiennent généralement à ce que l'on appelle le grand parti de l'ordre. Persuadés qu'un parti n'est fort que par le nombre de ceux qui le composent, ils pensent que le rapprochement opéré entre les partisans des deux branches formerait une majorité assez puissante pour rétablir la monarchie, seule forme de gouvernement qui puisse convenir à la France et la relever. C'est toujours la théorie du nombre substituée à celle du droit, du juste et du vrai.

A l'heure où nous sommes, il est difficile de dire ce qui se fera et si cette fusion aura lieu ou non ; mais il est très-facile de dire ce qui arrivera si elle se fait.

Une fusion est utile lorsqu'elle rapproche des éléments analogues ou propres à se modifier avantageusement les uns par les autres ; de la sorte, l'Etat est moins fractionné et l'ensemble des forces réunies agit avec plus de puissance. Mais il faut pour cela que les éléments rapprochés ne soient pas contraires les

uns aux autres par leur essence ou par leurs apti-
tudes générales, autrement ils ne feront que se détruire ou se neutraliser.

Que représentait jusqu'aujourd'hui le parti orléa-
niste? Il ne représentait aucun droit même douteux,
sur lequel il puisse y avoir discussion sérieuse et qui
donne lieu à une transaction. Dans l'ordre des faits, il
représentait l'ambition, passée à l'état de conspiration
permanente depuis un siècle, et se traduisant par l'intrigue, la révolte, la félonie et l'usurpation. En politique il représentait le constitutionalisme et le libéralisme, c'est-à-dire la pluralité des pouvoirs, qui fait de
la monarchie un mensonge, et la pratique de libertés
qui donnent toute carrière à l'erreur et au désordre.
En religion, il représentait le protestantisme, dont il a
les sympathies, comme celles de tous les partisans de
la révolution sage et modérée.

Quelle force peut donc apporter un tel parti en se
ralliant à la branche aînée des Bourbons qui, elle,
représente l'ordre de succession légitime, le droit
monarchique et les traditions de la France très-chrétienne? Que ce parti se rallie en cessant d'être ce
qu'il a été, en reconnaissant que ceux sur lesquels il
s'appuyait n'ont d'autre héritage à revendiquer que
la solidarité des crimes de leurs aïeux dont ils ont
trop fidèlement suivi les traces, on ne pourra qu'applaudir à un acte de simple soumission, et l'on sera
heureux de voir s'évanouir les résistances qui s'oppo-
saient au triomphe du droit. Mais que l'on semble
croire qu'une certaine communauté d'origine établisse

à jamais une sorte de parité entre tous les descendants, sans que les crimes commis ou les services rendus y puissent apporter aucune différence ; que l'on ose par suite présenter comme fort naturel et désirable un rapprochement entre les représentants des principes les plus contraires et des faits les plus opposés, c'est la plus triste leçon et le plus grand scandale à donner aux peuples ; ce n'est pas leur prêcher la paix et la conciliation, c'est insulter à leur intelligence et à leur dignité, car c'est leur donner à entendre que ceux que la naissance peut appeler à les commander sont au-dessus de toute morale et de toute justice. On ne rétablit pas l'ordre en assurant l'impunité à la révolte, mais en montrant qu'elle n'a de pardon à attendre que si elle se change en soumission. C'est par une justice qui atteint également les grands et les petits que le souverain se concilie l'estime des peuples et inspire le respect de sa puissance.

Il est possible que ces considérations soient écartées, que le parti d'une fausse conciliation l'emporte sur celui du droit et de la justice, que l'on fasse valoir auprès du chef de la maison de Bourbon la nécessité urgente de sauver la France et de faire les plus grands sacrifices pour l'arracher aux horreurs de l'anarchie. Quelque mauvaise que lui apparaisse la situation qu'il se fera, n'y aura-t-il pas des docteurs et des moralistes pour lui dire, comme on l'a dit si souvent au peuple électeur, qu'entre deux maux il faut savoir choisir le moindre ? Et l'on ajoutera sans doute que, réduit à son propre parti, il ne se trouvera jamais en mesure de rendre à la France un service aussi signalé que celui qu'elle attend de lui, et de lui seul, en ce moment? Voilà ce qui peut arriver et ce qui est même le plus dans l'ordre des vraisemblances. Qui peut se permettre de blâmer la détermination qui serait alors prise? N'est-ce pas là une de ces situations où les plus habiles et les plus sages sont obligés de se récuser, prêts à s'incliner devant la décision de celui que la Providence a constitué pour juger et agir?

La fusion qui sortirait de là triomphante serait assurément condamnée par bien des gens qui la déploreraient comme un acte de faiblesse et de fausse politique. Que ces futurs censeurs y prennent cependant garde : il en est peut-être parmi eux qui porteraient la responsabilité de la détermination plus que celui qui l'aurait prise. A qui, en effet, attribuer le vice d'une situation qui a pu rendre une telle détermination nécessaire? N'est-ce pas à ceux qui l'ont laissée devenir ce qu'elle est et qui auraient pu la modifier? Quand personne n'ose élever la voix, malgré la liberté de tout dire, de quel droit exigerait-on d'un prince qu'il montre à lui seul plus de sagesse et de courage que tout le monde? Ne sait-on pas que le chef de l'État n'a de force qu'en s'appuyant sur la pensée commune des honnêtes gens? Et comment lui reprocher de ne pas connaître assez cette pensée commune quand les honnêtes gens eux-mêmes n'osent l'exprimer publiquement, alors qu'ils le peuvent sans péril? Est-ce que les honnêtes gens n'ont pas aussi leurs journaux? Comment se fait-il qu'il n'y en ait pas un seul qui ait soutenu la thèse que l'on se réserve de soutenir quand il ne sera plus temps (1)?

Le rétablissement de la monarchie par la fusion ne peut donner à la France qu'une seconde Restauration aussi peu stable que la première. Non pas que nous ayons à craindre de voir le principe monarchique aussi évidemment faussé et sacrifié, ni l'ordre reconstitué sur des fondements aussi ruineux; un roi chrétien n'a besoin que de sa foi pour être en garde contre les illusions qui peuvent séduire un roi philosophe; mais il est des temps où ne pas faire ce qu'il faut laisse la société exposée à d'aussi grands périls que si on lui donnait des institutions contraires à ses besoins. Or, on peut être assuré d'avance que le bien à faire pour reconstituer la monarchie rencontrera d'insurmontables obstacles de la part de tout ce monde gallican et libéral qui est l'élite du parti d'Orléans. Le droit national et chrétien devra se taire devant les exigences de l'esprit moderne et d'une prétendue opinion publique. Les hommes dont le pouvoir se verra entouré seront les plus grands obstacles à ce qui pourrait et devrait se faire pour raffermir l'ordre. La France paraîtra se relever, mais elle ne reprendra point ce haut

______

(1) Il est évident qu'ici je ne puis me permettre de blâmer le silence de l'*Union*, qui par sa position était tenue à une réserve toute de prudence; mais il est grandement regrettable que la presse catholique, qui jouissait de plus de liberté, n'en ait pas usé pour exposer si opportunément les principes et les conditions de la monarchie chrétienne. N'était-ce pas pour elle une abdication quand il devenait visible que la monarchie chrétienne pouvait seule sauver la société?

degré de puissance morale et matérielle qu'elle pourrait encore, malgré ses défaites et ses ruines, reconquérir au milieu des événements que l'avenir semble
réserver à l'Europe. Rien ne se fera qui assure quelque durée à la société ; les dispositions personnelles
du souverain empêcheront que l'on fasse le mal et que
l'Église ait à souffrir ; on jouira de cette espèce d'ordre
qui se rétablit à peu près de lui-même au lendemain
des grandes commotions, lorsque chacun est trop heureux de pouvoir compter sur la tranquillité ; et les
faux sages, qui seront en grand nombre, les égoïstes
à courte vue diront qu'il faut bien se garder de troubler cette paix qui se fait d'elle-même, qu'il ne faut
pas voir trop loin et compromettre le présent au profit
d'un avenir incertain, que le mieux est souvent l'ennemi du bien, etc., etc. Et ce sont ceux-là qui seront
écoutés. Et à la faveur de ce calme et de cette fausse
sécurité, la Révolution abattue se réorganisera dans
l'ombre et prendra de plus habiles moyens pour arriver enfin à s'imposer sans retour.

Ainsi se dessinerait assez clairement ce que croient
entrevoir la plupart de ceux qui interrogent sérieusement l'avenir : une paix de quelques années pour
l'Église ; peut-être un quart de siècle ; puis l'obscurcissement et l'éclipse de la famille de saint Louis faisant place à la dernière des Révolutions et au règne
du dernier des persécuteurs.

Mais de telles prévisions, toujours plus ou moins
incertaines, ne changent rien aux devoirs des hommes
clairvoyants qui peuvent signaler les périls de la

société et revendiquer les conditions nécessaires à son salut. Tant qu'il ne sera pas démontré qu'il est inutile de réclamer, tant que le mal ne sera pas irrémédiable (et qui peut jamais affirmer qu'il le soit?) il y aura une noble tâche à remplir, tâche tout à fait analogue à celle qu'ont remplie avec plus de mérite que de succès les représentants de l'école catholique et de la monarchie chrétienne sous la Restauration. Ceux qui auront le courage de l'accepter pourront bien aussi être appelés *ultra-royalistes* parce qu'ils demanderont mieux que ce qui se fera et plus que ne paraîtra vouloir le Roi ; il y aura cependant cette différence, c'est qu'ils ne seront plus en désaccord avec les désirs réels du chef de l'Etat et qu'ils n'auront plus à lutter contre le vice des doctrines et des institutions, mais seulement contre les désavantages d'une situation précaire, sans bases fixes et sans autres garanties d'avenir que la droiture d'intention et de volonté de celui qui gouverne et de ceux qu'il emploie.

Voilà le régime que peut nous donner la fusion : quelques années d'ordre matériel pour tout le monde et de sécurité parfaite pour ceux qui se contentent de vivre au jour le jour.

Est-ce là ce qui nous est réservé? Peu importe la question! Qu'on le pense ou qu'on ne le pense pas, la conduite à tenir en attendant est la même : s'attacher d'intelligence et de cœur aux conditions de l'ordre, et demander au Ciel qu'il le fasse régner au plus tôt et pour le plus longtemps possible.

31 mars 1871.

10.

DE LA DISCIPLINE DANS L'ARMÉE

Les événements nous ont forcés de reconnaître une chose : c'est que ce n'est pas seulement l'organisation matérielle et le nombre des soldats qui font la force d'une armée : s'il n'y a pas intelligence chez les chefs et discipline chez les subordonnés, il arrivera toujours des désastres dont la véritable cause devra se résumer dans les mêmes termes dont se servait l'écrivain latin : *Factum est et imperitia ducum et immodestia militum* (1).

Il n'y a eu qu'une voix dans ces derniers temps pour assigner les mêmes causes à nos revers; mais quelle suite sera donnée à cette juste explosion d'indignation publique contre un pouvoir qui avait élevé aux plus hauts grades tant de chefs indignes et incapables ? Grave et difficile question qui ne sera convenablement résolue que par un pouvoir plus honnête encore que clairvoyant et juste.

Quant à l'indiscipline des soldats, il est hors de doute que l'on s'occupera beaucoup plus des moyens de la faire cesser. Il est également hors de doute que l'on y parviendra *momentanément;* l'empire des circonstances, c'est-à-dire l'imminence du péril et la nécessité d'y faire face rendront aux chefs quelque peu

(1) Cornelius Nepos.

d'ascendant et d'énergie. Mais quels moyens prendra-t-on pour prévenir le retour de l'indiscipline ? Autre question nom moins grave que la première, car au fond elle n'est que la première présentée sous une autre forme.

En effet la discipline, chez le soldat, n'est que l'habitude de l'obéissance ; ce ne sont pas quelques actes de subordination plus ou moins volontaires, plus ou moins forcés, qui la constituent ; c'est l'ensemble des actes de l'homme, c'est la conformité de sa conduite aux réglements qui lui sont imposés et à la volonté connue de ses supérieurs ; en sorte que l'on peut dire que le soldat le mieux discipliné est celui qui est le plus prêt à obéir aux ordres qu'il reçoit et auquel il échappe le moins d'actes d'insubordination.

Mais cette habitude ne se forme pas uniquement sous l'empire de la crainte et sous la menace du châtiment. Chez les nations surtout qui ont entendu retentir le mot de liberté, il faut que l'obéissance soit déterminée par l'ascendant moral du chef, par la confiance que l'on a dans son intelligence et sa capacité, par l'estime que l'on a pour son caractère : il faut même, autant que possible, que l'obéissance soit rendue prompte et facile par la manière dont s'exerce le commandement.

C'est l'ensemble des qualités du chef qui forme le soldat, et si l'on veut sérieusement rétablir la discipline dans l'armée, c'est le corps entier des officiers qu'il faut soumettre à une véritable réforme. Le soldat est peuple, et les peuples sont faits pour être gouvernés ;

ils sont toujours gouvernables quand leurs chefs sont ce qu'ils doivent être ; c'est à chaque fraction de l'armée que l'on peut appliquer ce qui se dit avec raison des diocèses, des paroisses et des maisons religieuses : *Tant vaut le supérieur, tant vaut la communauté.* Toute autorité est soumise aux mêmes lois et aux mêmes devoirs ; c'est à elle qu'il faut s'en prendre des désordres des subordonnés.

Il est profondément regrettable que l'on n'ait pas, depuis longtemps, appliqué dans une large mesure aux chefs de corps ce qu'ils apppliquent eux-mêmes d'une manière absolue aux derniers fonctionnaires placés sous leurs ordres. S'il ne leur paraît pas contraire à la justice de punir le brigadier ou le caporal pour les fautes de ses subordonnés, ils devraient s'attendre à ce qu'on leur fît porter la responsabilité des méfaits des chefs inférieurs qu'ils ont eux-mêmes choisis, proposés ou recommandés. Sans vouloir trop presser l'application de cette règle de détails, que nous ne faisons qu'indiquer, nous dirons que l'on n'a pas assez lié les intérêts des chefs à celui de leur corps, et qu'aujourd'hui ils portent très-justement la responsabilité de ces mêmes désastres que l'on impute en grande partie à l'indiscipline de nos soldats. Ne pourrait-on pas établir une sorte de règle de proportion et dire que plus nos malheurs ont été grands et nos humiliations profondes, plus la cause en est remontée haut ? C'est par les sommités, avant tout, que notre société a besoin d'être renouvelée ; le reste viendra facilement à la suite.

Déjà depuis quelques années il s'était élevé des voix pour faire sentir la nécessité de certaines réformes dans notre armée, et lorsqu'il y a quatre ans, on apporta ce fameux projet de *réorganisation* qui devait considérablement accroître notre effectif personnel, il y eut des hommes assez clairvoyants pour faire remarquer aussitôt qu'il était tout au moins aussi urgent de s'occuper de la force morale de notre armée que de sa force numérique. Dès cette époque, il nous fut remis, avec faculté de le publier, un travail très-curieux sur l'*armée française et l'armée prussienne*, travail dans lequel l'avantage de l'organisation morale était dès-lors constaté tel qu'il est apparu depuis au profit de nos ennemis. Et il n'était pas seulement constaté, il était démontré. Mais qui eût voulu alors ouvrir les yeux et les oreilles à une telle sorte de démonstration? N'était-il pas admis, reconnu, et surtout proclamé, que l'armée française était la première armée du monde, et qu'elle était nécessairement invincible dès qu'elle n'était pas numériquement trop inférieure à toute autre armée ennemie, que par conséquent il suffisait de ne pas la laisser avec ce désavantage d'une manière trop marquée? Comment alors faire entendre que notre armée manquait des qualités morales nécessaires pour lui donner une véritable force : capacité et honorabilité chez les chefs supérieurs, union et entente dans le corps des officiers, confiance et esprit de discipline chez les subordonnés? Comment dire cela tout haut sans être traité de malveillant, d'ignorant, de pessimiste, de partisan de la Prusse, etc., etc.? Et pouvait-on attendre des hommes alors au pouvoir qu'ils eussent la moindre volonté de faire des réformes sérieuses, surtout des réformes *morales!* et qu'ils s'occupassent de donner à l'armée des chefs un peu plus dignes d'estime? Toute vérité sociale peut devenir à certains moments une de ces perles qu'il ne faut pas livrer aux pourceaux, si l'on ne veut s'exposer à être mis en pièces.

Aujourd'hui, les mêmes raisons n'existent plus, et nous pouvons, non sans utilité, livrer au public les principales idées d'un travail qui eût paru trop tôt il y a quelques années. Ce qui s'est passé n'ayant que trop justifié les aperçus de l'auteur, ses jugements n'en auront que plus de poids.

II.

Ce qui a provoqué l'esprit d'indiscipline et a fait la faiblesse de notre armée, c'est, nous l'avons dit, la composition du corps des officiers, et cette composition défectueuse tient à deux causes : 1° la manière dont le corps se recrute; 2° l'esprit qui a généralement présidé aux choix pour tous les grades auxquels le gouvernement avait la faculté de nommer.

Pour qu'il y ait unité de vues et d'esprit dans un corps, il faut qu'il soit composé d'éléments homogènes; et pour qu'il y ait solidarité entre les membres qui le composent, il faut que le corps ait, dans une certaine mesure, la faculté d'admettre ou de rejeter les éléments qui lui paraissent ou ne lui paraissent point assimilables. C'est ce que l'on a parfaitement compris en Prusse et complétement oublié en France.

Rien de plus fâcheux que l'amalgame d'aristocratie et de démocratie que l'on a voulu introduire dans la composition des cadres de notre armée en faisant arriver au grade d'officier par deux voies différentes : par l'école et par les rangs. Rien n'était plus propre à empêcher cette homogénéité et cette unité de vues qui sont si nécessaires entre les membres d'un même corps si l'on veut qu'il ait l'ascendant désirable sur les subordonnés et qu'il exerce sur eux une action uniforme. Comment n'a-t-on pas vu que par là on constituait un principe de discorde et de rivalité? Et que l'on ne parle pas de moyen d'émulation. L'émulation n'est pas possible quand on ne peut pas compter sur l'impartialité de chefs supérieurs, qui seront toujours trop disposés à favoriser ceux qui sont sortis de la même catégorie qu'eux. L'émulation, d'ailleurs, ne peut exister que là où il y a une certaine égalité dans les conditions de la lutte; et quelle égalité y a-t-il lorsque, grâce à l'avantage de la jeunesse et au droit d'ancienneté, le plus médiocre officier sorti de l'École a plus de chances d'arriver aux grades supérieurs que le plus brillant officier sorti des rangs? Puis, enfin, quelles conditions de bonne harmonie entre les membres d'un même corps, lorsque ceux qui ont eu le petit mérite de passer deux ans dans une école ont la pré tention de croire que les autres ne peuvent pas en savoir autant qu'eux, et qu'ils se sont acquis par là une supériorité que rien ne peut contrebalancer?

Pourquoi donc n'a-t-on pas su faire en France ce qui s'est fait en Prusse, où tous les officiers, en temps de paix, arrivent en remplissant les mêmes conditions? Est-ce donc que les pays aristocratiques seraient encore ceux où il y a le plus de véritable égalité? Nous n'irons pas jusque-là, car toutes les monarchies aristocratiques n'ont pas mis autant d'intelligence dans l'organisation de leurs institutions militaires. Mais la Prusse a voulu avoir des officiers vraiment capables et elle a su prendre les moyens pour cela. Elle n'a pas même laissé le choix des sous-officiers à l'appréciation et aux préférences plus ou moins éclairées d'un chef de corps; elle a établi en nombre suffisant des écoles militaires pour cet ordre de chefs inférieurs, sachant bien que les candidats à ces modestes grades trouveraient là plus de garanties dans leur propre intérêt et dans celui de l'armée. Pour ceux qui aspirent à être officiers, elle ne leur impose pas de grands sacrifices d'argent, mais elle les soumet à des conditions de capacité qui sont les mêmes pour tous, dont tous ont à faire les mêmes preuves dans les écoles qu'elle a fondées, et par devant des examinateurs dont la bienveillance et les suffrages ne sauraient être facilement achetés.

Mais il ne suffit pas d'avoir obtenu le brevet d'officier au sortir de l'Ecole; il faut ensuite obtenir l'emploi, et ce n'est pas le gouvernement qui y nomme,

c'est-à-dire qu'il n'impose pas à un chef de corps et à
un régiment la présence d'un officier qu'il ne leur
serait pas agréable de recevoir. C'est à celui qui veut
remplir un emploi vacant à se présenter et à se faire
accepter. C'est ainsi que le corps a la responsabilité
des membres qu'il s'adjoint de son plein gré ; et celui
qui est reçu subit et accepte la nécessité de se tenir,
par sa conduite et son travail, au niveau moral et intellectuel du milieu dans lequel il est admis à vivre ; il
sent parfaitement que s'il n'y faisait pas honneur,
ceux qui l'ont reçu seraient en droit de l'inviter à se
retirer.

De là, il arrive que la carrière militaire n'est point
envahie indifféremment par toutes les classes de la
société ; ceux qui veulent l'embrasser n'ont pas à lutter contre la concurrence de prétendants qui, par leur
éducation, leurs habitudes et leurs idées, pourraient
trop difficilement se faire admettre dans un corps
quelconque, ou se trouveraient, une fois admis, dans
des rapports trop peu agréables avec leurs collègues.
Aussi a-t-on vu, après la guerre du Schleswig, des
soldats devenus officiers donner leur démission au
bout de quelque temps, se sentant eux-mêmes dépla-
cés dans un milieu pour lequel ils n'étaient pas faits.
La nécessité de stimuler l'ardeur et le courage du soldat devant l'ennemi doit lui laisser la possibilité et
l'espérance d'arriver aux grades militaires ; et quoiqu'il ait peu d'intérêt à y rester, la perspective pour
lui n'est point illusoire, puisque le grade conquis devient un titre pour obtenir des fonctions plus élevées

ou une position plus avantageuse dans la vie civile.

On peut donc dire que dans chaque régiment prussien le corps des officiers est composé d'éléments beaucoup plus homogènes qu'en France, qu'il est formé de sujets arrivés par les mêmes voies, appartenant à peu près aux mêmes conditions sociales, ayant ainsi, sur la masse de leurs subordonnés, les différents genres de supériorité qui donnent de l'ascendant, inculquent le respect et disposent admirablement à l'esprit de discipline.

Ajoutons qu'il n'y a pas ce qui est chez nous un grand sujet de tiraillements et de jalousie : l'avancement au choix. Nous nous hâtons de faire ici nos réserves, en disant que c'est un avantage que nous n'avons garde de revendi quer pour l'armée française. Nous constatons un fait qui contribue singulièrement à maintenir dans chaque régiment prussien cette unité de vue et cette harmonie qui nous font si complétement défaut. Nous montrerons plus loin comment ce mode d'avancement à l'ancienneté, qui rendrait le mal irréparable dans notre armée, est, avec les restrictions qu'il comporte, à peu près sans inconvénient dans l'armée prussienne.

Ajoutons encore deux grands avantages que nous sommes loin de posséder : c'est qu'il n'y a pas dans l'armée prussienne les passions antireligieuses qui divisent les esprits, amènent des discussions irritantes et font à ceux qui veulent rester chrétiens une position quelquefois intolérable. L'impiété, ce terrible dissolvant des sociétés et des armées, n'a

pas la même activité chez les nations protestantes
que chez les nations catholiques, où elle trouve beaucoup plus de motifs d'excitation et de haine ; et la liberté religieuse s'établit plus facilement dans les pays
mixtes lorsque d'une part il y a simplement ignorance
et de l'autre esprit de charité.

Enfin l'armée prussienne est beaucoup moins gangrenée que la nôtre par la lèpre des sociétés secrètes.
Sa composition même l'expose moins à s'y laisser entraîner, puisque, avec l'avancement à l'ancienneté, il
n'y a plus pour l'individu le même intérêt à se procurer des appuis pour arriver plus tôt, et que c'est là ce
qui, en définitive, détermine l'entrée du plus grand
nombre dans les loges. En outre, les classes aristocratiques, auxquelles appartiennent la plupart des officiers,
ont aujourd'hui ce sentiment plus ou moins raisonné
qu'elles ont peu à gagner au triomphe des sociétés
secrètes ; le mystère, qui attirait tant d'adeptes incrédules et frivoles dans le siècle dernier, a maintenant
moins d'attrait pour ceux qui ont quelque chose à
perdre, depuis que l'on a pu voir en quoi consiste
l'égalité maçonnique. Le gouvernement prussien en est
donc arrivé avec les sociétés secrètes au même point
où en était venu le gouvernement français au dix-septième siècle avec le protestantisme : on trouvait
bon de s'en servir contre ses ennemis pour les affaiblir
et les abattre ; mais on se gardait bien de le protéger
et de l'encourager à l'intérieur ; aussi le roi Guillaume
ne tient pas à avoir dans son armée des officiers francs-maçons ; il sait parfaitement que ce ne serait pas pour

lui une garantie de leur fidélité ; mais lui et les
princes de sa famille s'affilient à la maçonnerie européenne et achètent son appui parce qu'ils trouvent en
elle un allié dont ils connaissent la puissance. Jusqu'ici cet allié a parfaitement servi leurs desseins, et
la reconnaissance du roi Guillaume en adresse au ciel
des actions de grâces qui pourraient être beaucoup
mieux adressées ailleurs. Nous verrons si la triste politique autrefois suivie par la France lui apportera en
définitive de plus heureux succès, et si le ciel et les
sociétés secrètes s'accommoderont longtemps du rôle
qu'il leur fait jouer.

III.

Notre organisation militaire ne présentait qu'un
avantage sur celle de l'armée prussienne : celui du
choix, qui, dans l'esprit de l'institution, devant se
porter sur les hommes les plus aptes et les plus honorables, est un moyen de stimuler le zèle pour le service et l'amour du travail. Or, il se trouve que c'est
précisément là ce qui a le plus contribué à porter
dans notre armée l'indifférence, la torpeur, le décou-
ragement et le mécontentement. Ne nous en étonnons
pas : les moyens d'action les plus puissants, quand
ils sont remis aux mains d'un pouvoir pervers, de-
viennent les éléments les plus actifs de perversion
et de dissolution. Le remède à un tel désordre n'est

pas de rejeter les moyens d'action : c'est de protester hautement contre le mal et de demander au ciel de retirer le pouvoir à celui qui en abuse.

L'abus des choix a été tel dans l'armée, qu'il en est résulté ce fait qui est des plus significatifs et des plus importants à constater : c'est qu'il y avait bien des régiments où les meilleurs officiers ne désiraient plus être proposés au choix et ne demandaient qu'à passer à leur tour d'ancienneté, *à ne pas subir de choix*. Les choix étaient habituellement si peu justifiés, qu'il n'était plus du tout honorable d'en être l'objet; ce n'était plus qu'une raison d'être mal vu de ceux avec lesquels on avait à vivre, et les meilleurs préféraient ne pas jouir d'une pareille distinction. Ainsi, grâce à l'action du pouvoir, tout stimulant avait disparu dans l'armée, si bien que nul n'avait aucun intérêt à se montrer plus instruit et plus honorable; nous pourrions même dire plus et nous le prouverons : c'est qu'une certaine honorabilité était souvent un obstacle bien plutôt qu'un titre à l'avancement.

Et constatons d'autre part le chemin que l'on avait fait en quelques années dans cette voie de désorganisation et d'immoralité. On en était encore, il y a quinze ans, à ce point que l'on pouvait dire d'un jeune homme qui entrait au service avec les qualités voulues, qu'il ne pouvait pas tarder à arriver; comme nous entendions dire de celui qui, déjà en carrière, se distinguait par l'intelligence et la conduite : Tel qu'il est, il passera toujours forcément au choix. Mais depuis longtemps on ne pouvait plus parler d'après ces tradi-

tions d'ordre, d'honnêteté et de justice. Les conditions
pour arriver étaient changées. La première, et celle qui
en tout temps exercera toujours quelque influence, mais,
espérons-le, d'une manière moins odieuse et moins
impudente, c'est *la faveur*.

Les grades et les distinctions militaires étaient devenus, comme nos finances, une sorte de curée et d'au-
baine, que se partageaient les parents, les amis et les
amis des amis de la race napoléonienne. Or, on sait que
tout ce monde de parents et d'amis ne se distinguait pas
par une excessive sévérité de mœurs, et que souvent
le meilleur moyen d'obtenir quelque chose des personnages influents était de le leur faire demander par des
solliciteuses prêtes à tous les sacrifices. Que de chefs
militaires ont vu leur réputation de maris compromise
par le seul fait d'un avancement que ne justifiait pas
la supériorité de leur mérite ! Telle est l'opinion que
l'on se faisait de l'honnêteté des moyens par lesquels
il était souvent possible de déterminer le choix du
gouvernement. Faut-il signaler à l'appui de ce que
nous disons, le sens donné au mot de *fournisseurs*, par
lequel on désignait les hommes soupçonnés d'avoir
sacrifié l'honneur conjugal au désir de parvenir? De
tels mots acceptés et mis en circulation indiquent à
eux seuls l'idée que le public se faisait de la moralité
des hommes du gouvernement. Quelle autorité morale pouvaient dès lors avoir sur leurs subordonnés
les hommes qui passaient pour avoir acquis de la
sorte le droit de leur commander?

Une seconde cause qui a singulièrement altéré l'esprit de l'armée et qui a pu très-bien y préparer des éléments de trahison, c'est l'influence des sociétés secrètes. La protection que le pouvoir leur avait accordée était d'avance un gage de préférence pour ceux qui en feraient partie, comme au contraire son antipathie marquée pour toute association chrétienne frappait d'une sorte d'exclusion ceux que leurs principes et les inspirations de leur conscience auraient affiliés ailleurs. Or, en pareil cas il y a une chose certaine : c'est que la plupart iront là où les porte leur intérêt, où ils entrevoient des chances d'avenir. Les adhésions à la franc-maçonnerie se sont donc multipliées dans l'armée; son esprit s'y est répandu, et cet esprit n'est point du tout un esprit militaire, esprit de discipline, d'obéissance et de dévouement; au lieu de l'esprit national, conservateur des nobles et religieuses traditions, c'est un esprit cosmopolite, sceptique et raisonneur, ami d'une prétendue fraternité humaine qui tend à faire tomber le glaive des mains qui le portent; aussi plusieurs des souverains allemands avaient-ils interdit, il y a quelques années, l'entrée des loges à tous les officiers de leurs armées. Les revers qu'ont subis nos troupes depuis quelques mois donnent lieu de penser que nous eussions agi sagement en usant de la même interdiction.

Il faudrait être bien étranger du reste à tout ce qui caractérise la franc-maçonnerie pour supposer que les préférences dont elle a été l'objet dans l'armée fussent justifiées à d'autres titres. Les nominations qu'elle a déterminées ont pu ne pas exciter plus de

murmurés que tant d'autres, parce que l'on n'en connaissait pas spécialement les motifs, mais elles ont
ajouté à cette masse de mécontentements que provo-
quaient en général les choix du gouvernement et qui
étaient à peu près unanimes dans l'armée.

Il y a ici une question formidable à poser et à laquelle on ne peut échapper : c'est de savoir quel a été
le but réel du gouvernement de Bonaparte en appelant, comme il l'a fait, la maçonnerie dans l'armée.
Certes, si nous avions affaire à des adversaires inintel-
ligents et aveugles, nous ne ferions pas une pareille
question et nous nous dirions que des aveugles ne
peuvent agir qu'en aveugles; mais l'homme qui a
gouverné la France pendant vingt ans ne manquait
assurément pas d'intelligence; il en a donné des
preuves pour arriver, et si l'on veut étudier l'ensemble des actes de son règne, on y trouvera une suite et
un accord qui dénotent un système arrêté et habile-
ment poursuivi, bien qu'avec une apparente bonhomie qui a l'avantage de le dissimuler et de faire
des dupes. On est donc forcé de se demander si
l'homme qui a osé ériger la franc-maçonnerie en institution politique, n'a pas sciemment et volontairement
travaillé à la réalisation du vœu des sociétés secrètes,
qui est d'abolir les armées permanentes pour arriver
au renversement complet de l'édifice social. Avec
beaucoup moins d'intelligence qu'il n'en avait, il
était facile de voir que l'esprit maçonnique est la négation et la destruction de l'esprit militaire; il était
impossible en outre de ne pas s'apercevoir qu'il est

absurde de compter sur la fidélité d'hommes qui s'engagent par les plus terribles serments à obéir à un pouvoir occulte, qui peut et doit, en bien des cas, donner des ordres différents de ceux qui émanent des pouvoirs publics ; enfin, il était impossible de ne pas se dire qu'en cas de conflit entre les ordres du pouvoir occulte et ceux de l'autorité régulière, les affiliés des loges n'hésiteraient pas à obéir aux premiers, attendu qu'ils ont appris à redouter beaucoup plus les vengeances des sectes que l'animadversion des pouvoirs publics. Tout cela est parfaitement clair et visible. Il faut donc admettre qu'en favorisant l'extension de la franc-maçonnerie dans l'armée, on n'a voulu que ce que veulent les sociétés secrètes, la ruine et la dissolution de l'armée elle-même. C'est ainsi que, démoralisée et placée sous les ordres de chefs incapables et indignes, elle a pu être livrée aux Prussiens.

Une troisième cause de dissolution, plus générale encore que l'action des sociétés secrètes, c'est l'esprit antireligieux qui a prévalu dans l'armée à partir de l'époque où l'on a pu se rendre compte des véritables tendances du gouvernement et où il n'a plus été possible de se méprendre sur ses vues. Jusque-là un certain esprit de liberté sainement comprise commençait à s'y faire sentir ; les instructions ministérielles du général Moline de Saint-Yon prescrivaient que l'on respectât cette liberté, et l'on pouvait à peu près impunément se montrer chrétien ; nous disons « à peu près, » car les dispositions générales des chefs de corps laissaient trop souvent les instructions ministérielles à l'état de lettre morte. Mais depuis lors, et depuis longtemps déjà, l'impiété et l'immoralité sont devenues telles, que chez la nation très-chrétienne, la situation religieuse et morale de l'armée a pu sé résumer en ces termes : C'est que l'on se compromet plus en entrant dans un lieu de prière qu'en entrant dans un mauvais lieu. Il est temps de mettre à part toute fausse délicatesse et de dire les choses comme elles sont. Si l'on contestait la justesse des expressions que nous venons de citer, nous demanderions que l'on voulût bien compter le nombre des régiments où l'on pouvait sans nul inconvénient se montrer chrétien, et le nombre de ceux où l'on pouvait craindre de se faire quelque tort en sacrifiant au plaisir. Nous n'avons jamais, grâce à Dieu, entendu parler de chefs qui imposassent le moindre acte religieux à leurs subordonnés, tandis que nous en pourrions citer, et parmi ceux que l'on regardait comme honorables, qui voyaient de très-mauvais œil ceux qui ne *faisaient pas comme les autres*. Nous avons vu dans les plus hauts grades des hommes qui ne regardaient comme vraiment militaire que ce qui affichait le mépris pour toute religion et toute morale ; selon eux la carrière des armes devait être une profession permanente de libertinage et d'impiété ; voilà l'idée qu'ils s'en faisaient et quiconque pensait autrement n'était qu'un clérical qu'il fallait empêcher d'avancer.

Voilà, nous sommes en mesure de l'affirmer et d'en donner des preuves, ce qui a retenu dans les grades inférieurs des officiers dont la supériorité avait brillé dans les écoles de tir et de cavalerie ; un ensemble de qualités physiques, morales et intellectuelles, constatées par les chefs eux-mêmes, n'a pu vaincre les hostilités de l'esprit irreligieux ; il semblait que c'eût été un déshonneur pour l'armée de se laisser entamer par les envahissements de l'esprit clérical, même après la brillante conduite des *cléricaux* à Mentana, et les exemples d'héroïsme donnés par la petite armée de Castelfidardo.

Le ciel a fait justice de cet esprit d'impiété ; il a humilié cet orgueil militaire qui se révoltait contre toute supériorité empreinte d'un caractère religieux et qui substituait les règles de son prétendu honneur à toutes les prescriptions de l'autorité divine. Il est maintenant démontré que ce n'est pas en écartant systématiquement les chrétiens des charges de l'armée qu'on lui donnera facilement des chefs éclairés, vigilants, actifs, consciencieux, dévoués, amis du soldat et sachant s'en faire aimer. Mais en tirera-t-on bien cette conséquence à laquelle il importe de s'attacher en pratique, que tout homme qui se fait l'ennemi du christianisme a nécessairement des passions qui l'en éloignent, et que ses passions, du moment où elles ne peuvent plus être appelées de simples faiblesses, doivent faire douter de sa probité et de sa fidélité ?

Nous avons vu ce que c'est que ces hommes qui faisaient si bien la guerre au christianisme dans la personne des cléricaux ; nous n'avons pu suivre en détail leurs faits et gestes dans la guerre contre la Prusse ; mais ce que nous voyions depuis longtemps, c'est que, par les exemples qu'ils donnaient, par la manière dont ils exerçaient leur pouvoir, ils faisaient tout ce qu'il fallait pour amener cet esprit d'indiscipline où l'on veut voir la principale cause de nos revers ; durs, injustes, insolents et licencieux, hors d'état de concilier le respect au pouvoir dans leur personne, ils semblaient avoir pour mission de le rendre odieux et haïssable. Que de fois nous avons exprimé la crainte de voir, à un moment donné, une réaction violente éclater contre le despotisme de pareils chefs, et leur rappeler que la justice méconnue a des retours terribles pour ceux qui l'ont foulée aux pieds ! Nous nous disions que les plus redoutables ennemis de la France ne sont pas ceux qui convoitent une partie de son territoire, mais ceux qui veulent lui ravir cette foi et ces vertus chrétiennes qui lui ont donné une si haute puissance morale parmi les nations ; et voilà qu'aujourd'hui nous pouvons constater que ceux dont la France a le plus à se plaindre et qu'elle a déclarés infâmes sont ceux dont le christianisme avait le moins à se louer.

IV.

Irons-nous conclure tout simplement de là que c'est par le christianisme que notre armée se relèvera ? Ce serait une conclusion un peu banale à laquelle de prétendus politiques pourraient s'arrêter. On disait bien aussi de 1848 à 1852 que la société ne pouvait être sauvée que par le christianisme ; et ceux qui disaient cela ont été des premiers à livrer la société à un sauveur qui était loin d'être chrétien. Il est vrai qu'il a eu la bonté de se donner comme tel, c'est-à-dire qu'ajoutant l'hypocrisie à ses autres vices, il s'est donné plus de facilité de perdre la société qu'il était chargé de sauver.

Pareille déconvenue arriverait infailliblement si l'on ne se montrait pas plus intelligent aujourd'hui qu'alors. Pour arriver à changer l'esprit de l'armée, il faut assurément changer de principes dans le choix des hommes qu'on lui donne pour chefs ; mais si l'on s'imagine rencontrer des chrétiens partout où l'on trouvera des actes extérieurs de christianisme, on est fort exposé à se tromper, et l'on peut être sûr au contraire, qu'avec le servilisme actuel des caractères, avec la perversité d'ennemis prêts à prendre tous les masques, il ne manquera pas de gens empressés de faire tout ce que l'on voudra pour obtenir la confiance du pouvoir. Le christianisme qui sauvera la société n'est pas le christianisme hypocrite et pharisaïque qui se borne à l'accomplissement de certaines pratiques prescrites ou conseillées par l'Eglise, mais celui qui consiste avant tout dans l'observance plus exacte des devoirs imposés à chacun par l'ordre naturel des choses, devoirs antérieurs à toute loi religieuse et que le christianisme n'a fait que rendre plus sacrés.

Mais un christianisme éclairé ne se borne pas à agir sur les hommes par le discernement qu'il met à les choisir ; il agit sur les institutions parce qu'il en connaît la puissance, et il les modifie, leur donne une nouvelle vigueur ou les change selon les besoins ; actif et vigilant il ne se laisse point enfermer et arrêter par la routine ; au lendemain des catastrophes surtout, alors que les abus de chaque chose sont devenus évidents, alors que tout est à refaire, l'esprit de sagesse qui est en lui doit répondre aux nouveaux besoins par une véritable puissance de rénovation.

Alors aussi chacun sent qu'il faut entrer dans des voies nouvelles et changer des réglements qui retarderaient le remède à apporter au mal. Déjà nous entendons des hommes de partis et des habiles dire qu'il faut donner à notre armée des chefs plus jeunes, et c'est un principe passé en système général dans l'esprit d'un de nos généraux le plus en faveur et en réputation. D'autres, frappés des inconvénients et du désordre produits par l'abus des choix, se jettent dans un système diamétralement opposé et réclament l'avancement à l'ancienneté, s'imaginant sans doute que ce qui est bon en Prusse peut très-bien être adopté en France.

Méfions-nous grandement de tout système qui ne se fonde pas en première ligne sur la considération du mérite ; on n'y trouverait d'autre résultat que d'avoir des nullités, ou, ce qui est peut-être pis, des hommes qui ne présenteraient aucune garantie morale. Avec les éléments que présente aujourd'hui l'armée française, écarter ou délaisser les hommes qui ne sont plus jeunes dans le grade qu'ils occupent, ce serait une double faute : car ce serait en bien des cas commettre une injustice, en ratifiant ce qu'a fait la Révolution pour priver de tout avenir quiconque avait le courage de se montrer chrétien ; ce serait en second lieu priver l'armée et l'Etat des services que pourraient rendre dans un plus haut rang des hommes dignes de toute confiance par la noblesse de leur caractère. Ajoutons que ce serait manquer le but que l'on doit se proposer dans la réforme de l'armée : il ne s'agit pas seulement de la rendre plus énergique et plus active ; il s'agit avant tout de lui redonner l'esprit de discipline et d'obéissance ; or cela ne peut s'obtenir qu'en lui donnant des chefs qu'elle soit forcée d'estimer et de respecter, qui sachent se faire aimer et rendent acceptable l'action de l'autorité. Que l'on insiste fortement sur ce point, que ce soit là une condition indispensable pour parvenir ; que l'on brise impitoyablement quiconque use de son pouvoir d'une manière dure, violente, immorale et injuste, quiconque agit de manière à faire mépriser ou détester l'autorité, et l'on verra bientôt l'activité et l'énergie renaître sous des chefs de tout âge, qui pourront compter sur leurs hommes, qui les tiendront dans leurs mains, et n'auront pas à les abandonner au jour de la défaite, parce qu'ils n'en auront pas été abandonnés au jour du danger.

Du reste, si l'on veut des chefs jeunes, que l'on se souvienne d'abord de ceci : c'est que les hommes qui restent honnêtes ne vieillissent pas aussi vite que les autres ; puis, que l'on change les réglements qui les

empêchent d'avancer et de regagner le temps que la
Révolution leur a fait perdre. Que l'on abrége de moitié le temps voulu pour passer d'un grade à un autre :
avec une impulsion plus vive donnée aux exercices
militaires, il y aura encore un intervalle suffisant
pour constater les véritables supériorités au double
point de vue de l'honorabilité et de la capacité ; et que
l'on se hâte d'y faire droit ; on aura bientôt de la sorte
une armée composée d'éléments assez divers pour présenter dans l'ensemble de ses chefs les conditions d'é-
nergie que l'on désire et celles de maturité et de prudence qui sont toujours nécessaires. Trop de chefs
jeunes, surgissant à la fois, donneraient aux affaires militaires une impulsion trop vive, qui ne manquerait pas
de se ralentir un peu plus tard, et les hauts grades,
trop longtemps occupés par eux, ne laisseraient plus
une perspective d'avancement suffisante pour exciter
l'émulation de ceux qui les suivraient. Encore une fois,
gardons-nous de tout esprit de système et n'allons jamais mettre aucune considération au-dessus de celle
du mérite. Que pour les grades militaires il en soit
comme pour toutes les fonctions publiques : dès qu'un
homme a la capacité largement suffisante, s'il a une
incontestable supériorité morale et d'éducation, qu'on
lui donne toujours la préférence. C'est le meilleur
moyen de régénérer et l'armée et toutes les adminis-
trations.

Le système d'avancement à l'ancienneté, adopté
d'une manière absolue comme le demandent quelques-
uns, ne serait pas moins fatal à l'armée que celui qui

constitue un privilége à la jeunesse. L'un et l'autre, faisant trop abstraction du mérite, s'écartent des conditions de l'ordre et du vrai par des voies opposées.

Le droit d'ancienneté, appliqué d'une manière absolue, aurait d'abord ce résultat désastreux que nous avons déjà signalé, de consacrer les titres et d'assurer l'avenir d'une multitude d'hommes que la Révolution et le bonapartisme ont installés dans les différents grades de l'armée et qui n'eussent jamais dû sortir des derniers rangs. Et ici nous ne parlons pas seulement de ceux qui sont notoirement incapables, ou scandaleusement immoraux, ou fanatiquement impies, éléments indignes dont il faut absolument purger l'armée, si la guerre et ses épreuves n'en font pas justice et ne les changent pas. Nous parlons encore des médiocrités, qui toujours sont nombreuses, et qui le deviendraient encore davantage du moment que l'on saurait que l'on peut s'endormir, ou à peu près, en attendant le moment d'arriver. Ce système achèverait d'éteindre toute émulation, toute activité dans notre armée; le niveau moral, scientifique et intellectuel y baisserait graduellement, parce que nous n'avons pas en France le contrepoids qui le soutient en Prusse.

Là il y a des habitudes traditionnelles d'activité et d'étude que nous n'avons pas, habitudes qui ont été bien constatées dans ces dernières années par l'empressement des officiers prussiens à se procurer partout où ils allaient, en France et en Allemagne, les cartes et les livres de stratégie qui se trouvaient chez les libraires. Ces habitudes, depuis longtemps établies, se soutiennent par l'esprit de corps qui anime les officiers de l'armée, par la solidarité qui lie entr'eux des hommes aggrégés volontairement les uns aux autres, et aussi par la nécessité de travailler pour jouir du bénéfice de l'avancement; car ceux qui seraient trouvés trop inférieurs en science militaire, comme ceux dont la conduite aurait cessé d'être honorable, ne seraient pas admis à un nouveau grade quand leur tour serait venu, et ils se verraient alors réduits à donner leur démission.

On voit donc que, outre les garanties antérieures que nous n'avons pas, la loi d'avancement à l'ancienneté en Prusse n'est pas dénuée de sanction. Et si l'on voulait en arriver là un jour dans notre pays, après que l'esprit et le personnel de l'armée auraient été renouvelés, il ne faudrait pas oublier une dernière et très-efficace sanction : c'est qu'avant d'arriver aux grades supérieurs, les capitaines ont à subir des examens qui décident s'ils peuvent être admis à concourir, ou si leur carrière doit se borner au grade qu'ils occupent. C'est ainsi que, dans toutes ces années de service assez longues qu'ils doivent faire avant d'être déclarés admissibles, les officiers prussiens ont toujours intérêt à travailler et que tout les y engage, soit l'honneur du présent, soit la perspective de leur avenir.

Et cependant on a bien compris que cela ne suffirait pas encore, qu'il fallait ouvrir une carrière plus large aux talents hors ligne et trouver le moyen d'avoir dans les hauts grades de l'armée quelques chefs plus jeunes que n'en laisserait arriver le système d'avancement à l'ancienneté, même avec les restrictions qu'il comporte. Aussi l'on a très-sagement établi la possibilité de quitter les divers corps de l'armée pour l'état-major, puis d'y rentrer avec un grade plus élevé.

Au reste, nous croyons tout à fait inutile d'insister plus longtemps sur ce point. Pour le présent, notre armée n'est pas du tout préparée, par la composition de son personnel, à bénéficier d'une telle loi; elle a plutôt à subir une épuration qui ne peut se faire en un moment si l'on veut procéder avec sagesse et avec justice; outre l'épuration, il y a un triage intelligent à faire entre les éléments qu'il faut se résigner à conserver et ceux qu'il importe d'utiliser et de faire dominer. Enfin, les traditions de notre armée ne l'ont pas non plus préparée à user, dès aujourd'hui, avec avantage d'une loi d'avancement à l'ancienneté; quant à l'avenir, nous n'avons pas à examiner si elle sera possible et dans quelles conditions elle pourra être utile.

V.

Dans tous ces systèmes qui tendent à constituer un privilége en faveur de la jeunesse ou de l'ancienneté, il y a quelque chose de mécanique et de matériel qui tend à détourner toujours davantage la société des

voies morales où elle a le plus grand besoin de rentrer.
De cette manière, il est extrêmement simple et facile
de constater les titres des sujets que l'on a à examiner
et classer ; cela favorise singulièrement le travail ou
plutôt l'insouciance et la paresse des chefs qui ont
mission d'inspecter, mission déjà si peu sérieusement
accomplie et si peu contrôlée ! Certes ce ne sera pas
une des moindres réformes à introduire dans notre
armée que l'établissement d'un contrôle plus efficace
sur tous les membres de la hiérarchie militaire, et sur
les plus élevés comme sur les derniers. Que l'on se
persuade bien qu'il y a pourtant fort peu d'hommes,
s'il y en a, auxquels on puisse s'en rapporter aveuglément, et dont les jugements n'aient besoin d'être
révisés par une autorité supérieure. Aujourd'hui surtout, malgré tous les changements que la nécessité
indiquera et que la prudence permettra de faire dans
le personnel des chefs de corps, il en restera toujours
beaucoup qui n'eussent pas mérité d'être choisis et
auxquels il ne pourra être accordé qu'une médiocre
confiance. En outre, il est incontestable que la composition des divers régiments n'est pas la même au
point de vue moral et intellectuel, et qu'il en est qui
présentent un plus grand nombre de sujets distingués
que d'autres. Dans cette situation, amenée par tout
un ensemble de circonstances que nous n'avons pas à
signaler ici, mais dont les effets ne passeront pas du jour
au lendemain, ne serait-il pas plus convenable de suppri-
mer l'avancement par régiment, de ne pas admettre
de tableau de propositions dressé par les chefs de

corps, ni même par les inspecteurs, de ne demander et ne recevoir que des notes ? Ces notes seraient contrôlées, examinées et comparées par l'autorité supérieure, qui s'aiderait de tous les renseignements qu'elle jugerait à propos de prendre. Ce travail, fait avec la maturité et le scrupule qu'exige surtout une époque de réforme, laisserait place encore, nous le savons, à bien des doutes et des incertitudes; il ne rendrait même pas quelques erreurs impossibles. Quel mode d'administration et de gouvernement peut les éviter toutes? Mais il permettrait d'établir trois catégories : 1° Les hommes vraiment dignes, c'est-à-dire intelligents et honorables, auxquels il faut se hâter d'appliquer tout le bénéfice des réglements en les nommant au grade qu'ils sont susceptibles de recevoir soit dans leur régiment, soit plutôt dans tout autre de leur arme; 2° les douteux, que l'on peut admettre, selon les besoins du service, d'après le nombre de leurs années de grade et de présence dans l'armée, l'ancienneté ne conférant plus un droit, mais constituant un titre en l'absence de tout autre titre d'un ordre supérieur ; 3° enfin les hommes que l'on ne doit pas faire avancer et qui peuvent se diviser en plusieurs catégories, les uns ayant obtenu un avancement trop rapide et non justifié, les autres ne pouvant prétendre qu'à être tolérés jusqu'à ce qu'ils s'amendent et se montrent plus dignes, d'autres enfin, ne méritant que l'expulsion comme éléments scandaleux et subversifs.

Cette marche suivie avec zèle et activité changerait

en peu d'années l'esprit de l'armée, et il ne faudrait
pour cela qu'un homme vraiment intelligent, honnête
et dévoué. Cet homme n'aura pas de peine à trouver
les véritables causes de nos désastres ; il saura que
l'impiété et l'immoralité entretenues par les sociétés
secrètes disposent déjà par elles-mèmes à la lâcheté et
à la trahison indépendamment de tout pacte arrêté et
de tout mot d'ordre reçu ; et c'est pourquoi il écartera
les adeptes des Loges avec autant de soin que l'on doit
en mettre à écarter les espions de l'ennemi. Et ce
qu'il fera en ce point c'est ce qui devra se faire dans
toutes les parties du gouvernement et de l'administration publique.

DU LUXE

Il y avait à peine un mois que les hostilités avaient
commencé entre la France et la Prusse, la dixième
partie de notre territoire n'était pas envahie et aucune de nos places fortes n'avait succombé, que déjà
nous entendions des voix inconnues, dire publique-
quement que la guerre actuelle aurait pour résultat
de mettre fin à ce luxe immoral et ruineux qui nous
dévorait. C'était comme une sorte de cri de la conscience universelle qni s'élevait. On sentait que ce luxe,
dont on subissait malgré soi la tyrannie, était un fléau
pour tout le monde, qu'il ne laissait plus à personne
rien au delà de ses besoins, qu'il engloutissait une
multitude de fortunes privées, et que la fortune publique, abandonnée à des gens prodigues et rapaces,
était au plus haut point compromise. Et cependant
on était loin de connaître toutes les malversations
commises au préjudice de l'État ; et l'on ne savait pas
à quelles tristes ressources en étaient réduits depuis
longtemps quantité de hauts fonctionnaires, députés
sénateurs, généraux, conseillers d'Etat, dont le mont-
de-piété recevait les dépôts. On pouvait certainement
soupçonner que la nécessité de soutenir des dépenses
snpérieures à leurs ressources devait être mortelle à la

vertu de bien des femmes et à l'indépendance de caractère chez bien des hommes, mais ce qui n'était aperçu de personne, c'est la diminution qui résultait pour la population de tant de mariages devenus impossibles ou rendus à peu près stériles. Et pour des hommes politiques ce n'est point là une considération sans importance : car ce qui fait la force d'une nation et constitue la meilleure garantie de son indépendance c'est une population nombreuse, énergique et disciplinée. L'ambition traditionnelle du gouvernement prussien le lui a bien fait comprendre ; aussi sa législation favorise-t-elle les mariages beaucoup plus que la nôtre. Tout a été calculé par lui pour multiplier et discipliner la population autant que possible, même au mépris quelquefois de la morale et sans aucun égard pour les principes de liberté. Jusqu'à présent il semble pouvoir s'applaudir de sa politique ; plus tard sans doute il devra reconnaître comme nous qu'il est des règles auxquelles nulle sagesse humaine ne peut impunément être infidèle.

Un des bienfaits que recueillera la France de l'épreuve qu'elle subit aujourd'hui, sera certainement, comme on l'a entrevu dès l'abord, d'être affranchie de la tyrannie de ce luxe insensé et stupide qui la perdait moralement, financièrement et politiquement. Tant de fortunes anéanties ou fortement ébranlées obligeront trop de gens à se renfermer dans les nécessités réelles, pour que les nécessités factices reviennent si facilement à s'imposer. Plus de simplicité et de raison régneront au moins pour quelque temps dans les relations, et les habitudes contractées au milieu d'une calamité générale ne seront pas complétement perdues tant que durera le malaise laissé par la secousse.

Mais que l'on ne s'y trompe pas : les mêmes causes qui avaient amené la dissolution morale et politique sont toujours là prêtes à reparaître et à exercer leur désastreuse influence. Il importe de les bien préciser pour les combattre avec succès, car il est évident aujourd'hui que l'on ne peut rentrer dans les mêmes voies et suivre le même courant sans s'exposer à une ruine complète.

Nous ne prétendons pas que l'on puisse changer en quelques années le caractère français et détruire la sotte vanité, le frivole désir de paraître et d'éblouir, qui est au fond la raison première de toute dépense excessive et fastueuse. Mais la sagesse veut que l'on cherche un contrepoids à des défauts connus, au lieu de leur fournir un aliment qui les entretienne et les fasse grandir, comme il est arrivé en France, non pas seulement dans ces dernières années, mais depuis que l'on est sorti de la première phase révolutionnaire, c'est-à-dire depuis le commencement de ce siècle; à vrai dire, on pourrait remonter encore plus haut; car ce que l'on est convenu d'appeler la première Révolution, n'a été que la première manifestation de l'état de désordre dans lequel était tombée la nation française sous l'influence de causes très-analogues, sinon identiques à celles que nous avons à combattre aujourd'hui. La première de ces causes est dans l'exemple venu d'en haut.

Le luxe et l'ostentation de la dernière cour étaient d'autant plus insensés que la foule des courtisans et des invités ne se composait plus, comme au temps de Louis XIV, de grands seigneurs ayant une fortune à dissiper en frais de représentation ; dans cette société mêlée, où le haut fonctionnaire, sorti des rangs les plus modestes de la bourgeoisie, coudoyait l'ancien gentilhomme, toujours avide d'honneurs, de fêtes et de plaisirs, très-souvent la fortune personnelle n'était pas au niveau de la position et ne pouvait aider à la soutenir ; on sacrifiait donc à la nécessité de paraître honorablement en s'imposant le sacrifice de bien d'autres nécessités plus réelles au fond et plus urgen-tes. Mais comment subir cet état de gêne et garder l'indépendance de son caractère, l'intégrité de ses principes, l'honorabilité parfaite de sa vie ? Cela se fût difficilement rencontré alors même que le pouvoir n'eût appelé aux fonctions élevées que les hommes les plus dignes de les remplir ; mais avec l'esprit qui l'ani. mait et le guidait dans le choix de ses créatures, on peut dire que le luxe qu'il leur imposait n'était qu'une nécessité de plus ajoutée à celles qui faisaient d'eux les instruments serviles de tout pouvoir de fait. En tout temps la fréquence et la somptuosité des fêtes a eu pour effet d'amollir et d'assouplir ; sous les nouveaux Césars elles ont eu pour effet de corrompre et d'asservir.

La seconde cause est dans cette centralisation gouvernementale et administrative qui rassemble dans la capitale et les grandes villes tout ce qui a un rang à soutenir et des loisirs à occuper. Dans ce contact immédiat et continuel où chacun éprouve le besoin de se concilier la considération et le respect, où beaucoup cherchent à fixer sur eux les regards, où naît si facilement le goût des brillantes réunions, il arrivera toujours inévitablement que l'on fera des dépenses exagérées pour paraître avec avantage, et l'on ambitionnera toujours de se faire remarquer, non par plus de simplicité, mais par plus de magnificence et de bon goût. Et que de fois l'on fera consister le bon goût en de ruineuses et ridicules fantaisies !

La troisième cause est dans la protection exagérée que l'on a accordée au commerce et à l'industrie. Par là se sont multipliés outre mesure les produits qui servent à l'embellissement, qui apportent le bien-être et alimentent la sensualité; par là surtout s'est établie entre l'aristocratie financière, industrielle et commerciale d'une part, et l'aristocratie territoriale de l'autre, une sorte de concurrence fâcheuse que la seconde a été forcée de soutenir jusqu'à un certain point pour ne pas être totalement éclipsée et diminuée aux yeux de populations trop disposées à ne juger des supériorités que d'après l'éclat extérieur.

A l'exemple du luxe venu d'en haut devra se substituer l'exemple de la simplicité ; ce qui ne sera point difficile, puisque le luxe dans les cours suit à peu près invariablement le niveau de la moralité. Un prince qui a par lui-même et personnellement des titres à l'estime et au respect des peuples n'éprouve pas le besoin de s'entourer de tant d'appareil pour jouir de quelque prestige. Un prince disposé à donner aux affaires de l'État le temps et l'attention qu'elles méritent, surtout lorsqu'il y a tant à refaire et à réparer, doit naturellement trouver le repos et la distraction dont il a besoin, bien plutôt dans une société intime qu'au milieu des nécessités de l'étiquette et du c'rémonial. Enfin, nous dirons qu'un prince qui a appris à connaître les hommes doit savoir qu'il n'y en a pas tant qu'il puisse utilement appeler auprès de lui, et dont il n'ait pas grand besoin ailleurs, pour qu'il lui soit facile de se composer un nombreux et digne entourage. Cette dernière considération devra paraître d'un grand poids à l'époque où nous sommes.

L'exemple donné par le Prince doit être sérieusement recommandé et imposé à ceux qui le représentent à l'intérieur. Ceux qu'il envoie à l'étranger peuvent parfaitement, et sans nul préjudice, se montrer magnifiques et faire servir leur propre fortune à donner un plus grand éclat à leur position; mais ceux qui sont les intermédiaires quotidiens entre le Prince et les sujets doivent bien se garder de porter dans les provinces l'exemple de ce luxe qui fait des esprits frivoles et non des générations fortes; ils rendront bien plus de service à l'État par une sorte d'hospitalité journalière et intime qui multipliera leurs moyens d'influence individuelle, que par des fêtes somptueuses qui, données hors des nécessités de circonstances, n'ont aucun résultat heureux ni moral, ni politique, ni social.

Ce que nous avons dit des effets de la centralisation et du stimulant qu'elle apporte au luxe suffit pour indiquer ce qui est à faire en ce point; on y trouvera un motif ajouté à tant d'autres qui ont fait réclamer depuis quarante ans la décentralisation administrative au point de vue de la liberté et de la prospérité publiques.

Mais on ne parviendra véritablement à décentraliser qu'autant que l'on reconstituera sur la surface du territoire ces existences indépendantes et inhérentes au sol, qui sont comme des centres partiels autour desquels se groupent naturellement les intérêts communs et les influences régulières. En reconnaissant en principe le droit de constituer des propriétés inaliénables et en le favorisant, comme il doit l'être, dans une juste mesure et selon des règles établies dans l'intérêt de la morale et de la justice, on résoudra le problème le plus important de l'économie politique : faire en sorte que les honnêtes propriétaires trouvent leur intérêt à résider dans leurs terres; et l'on aura plus fait ainsi, pour bannir le luxe et ramener la simplicité avec l'abondance, que par les phrases et les exhortations les plus éloquentes. Ce dernier point n'a pas besoin d'être démontré; on pourrait plutôt craindre que le séjour habituel des campagnes ne fît trop oublier certaines nécessités de convenances en même temps que les nécessités factices. Ce n'est pas ici le lieu d'exposer dans quelle mesure peut et doit être favorisée l'application du principe d'inaliénabilité de la propriété, et encore moins ce que comporte la reconstitution d'une

12.

aristocratie, deux questions qui se lient inséparable-
ment et qui ont besoin d'être étudiées ailleurs que dans
ces pages trop abrégées. Les *Lettres sur l'Aristocratie
et la Propriété* ont déjà beaucoup élucidé ces questions; les dernières difficultés d'application ne présen-
teront pas de sérieux obstacles le jour où l'on voudra
mettre de bonne foi la main à l'œuvre; nous croyons
pouvoir l'affirmer.

Par cela même que le luxe favorise l'immoralité en
empêchant bien des mariages, ce sera le combattre
indirectement et très-efficacement que de favoriser ce
qu'il empêche; et pour cela un gouvernement sage a
plusieurs moyens : d'abord en écartant tous les obstacles que la législation civile met au mariage religieux,
ensuite en revenant aux traditions honnêtes et morales que l'on avait abandonnées dans ces derniers temps
et qui accordaient une préférence marquée, même
dans l'état militaire, aux chefs et fonctionnaires ma-
riés et pères de famille. On n'a, certes, rien gagné à
sortir de ces traditions qui constituaient des garanties
de plus grande régularité dans les différents services,
et qui donnaient à l'armée l'avantage de compter un
plus grand nombre de familles militaires.

Enfin sur ce point comme sur bien d'autres, la puissance séculière doit faire appel au concours de la
puissance spirituelle, provoquer au besoin des réformes même dans le clergé, demander à l'autorité ecclésiastique d'instruire et d'exhorter les peuples tout
spécialement pour les arracher à des entraînements
où se tarissent les sources de la charité, où les mœurs

se perdent, où les fortunes privées se dissipent, où la fortune publique est compromise par l'infidélité de ceux qui l'administrent, où la population décroît, où l'Etat perd les éléments de sa force et de son indépendance.

Le zèle du clergé s'exercera avec plus de facilité et de succès en ces matières, quand elles auront été plus complétement élucidées au point de vue économique, où elles paraissent présenter quelques difficultés. Nous avons vu d'éminents prélats admettre eux-mêmes dans leurs instructions publiques ce principe que l'on invoque si souvent pour justifier des dépenses de luxe et de sensualité, « que c'est rendre service à l'État que d'em-» ployer sa fortune à entretenir le commerce et l'in-» trie. » De tels principes, qui auraient besoin de tout un traité pour être expliqués dans un sens restreint et acceptable, ne peuvent, dans leur généralité, que troubler bien des esprits, fausser bien des consciences et perpétuer le désordre. Quoi de plus commode, en effet, pour ceux qui ne savent que consommer ce que les autres se donnent la peine de produire? Et ne seraient-ils pas conduits à se justifier en se disant qu'ils ont aussi leur rôle d'utilité dans l'État, puisqu'ils en sont un des rouages indispensables? Si c'est rendre service que de mettre l'argent en circulation et de faire aller le commerce, les plus grands dissipateurs, les gens de plaisir et de vie licencieuse, rendent de ces services mieux que personne, et il n'y a plus qu'à leur voter des remerciements.

Le christianisme a heureusement des principes beau-

coup plus clairs que celui-là. Il nous dit clairement ce
que la simple raison pourrait trouver d'elle-même et
qu'elle n'a aucune peine à comprendre, qu'après tout
il y a un bon et un mauvais usage de la fortune, qu'il
n'est pas indifférent au bon ordre qu'elle soit employée d'une manière ou d'une autre, et que Dieu, qui
a créé tous les hommes du même limon, n'a pas mis,
comme dit Bossuet, tant de différence entre la boue et
la boue, en sorte qu'il y ait d'un côté les richesses et
l'abondance, et de l'autre la misère et les privations. Les biens de ce monde sont répartis inéga-
lement, il est vrai, par la Providence elle-même,
mais cette inégalité, qui est parfois aussi l'œuvre des passions et le fruit de l'injustice, a cependant
un but ; et ce but c'est d'établir et de maintenir entre
les hommes ces rapports de dépendance et de subordination d'où résultent l'ordre public et la hiérarchie
sociale ; c'est de constituer au profit des uns des
moyens d'influence naturelle qui doivent être employés
à maintenir les autres dans les voies de l'ordre et du
bien. Et comme l'emploi de ces moyens exige de l'intelligence, du discernement et de la sagesse, il est clair
que plus ils sont nombreux et puissants, plus celui qui
les possède a besoin d'être instruit et formé à en faire
un salutaire usage. Aussi dans un Etat bien réglé
l'aristocratie de la richesse doit-elle être dans un temps
donné, généralement unie et identifiée à l'aristocratie
de l'intelligence et du mérite. Ce problème, qui peut
paraître une utopie, est beaucoup plus simple et plus
facile à réaliser qu'on ne le pense.

Or, nous le demanderons maintenant, quelle in-
influence les dépenses de luxe constituent-elles au
profit des classes riches, qui doivent être les classes
élevées de la société? Que l'on se donne la peine de
suivre la voie que prend et où se perd l'argent employé en magnifiques équipages, en somptueux ameu-
blements, en constructions élégantes, en comestibles
délicats et vins recherchés. Quelle action exerce l'opu-
lent acheteur sur le marchand ou grand fabricant auquel il a affaire, et quel usage celui-ci fait-il à son
tour du bénéfice qu'il obtient, quel exemple et quelle
impulsion salutaire donne-t-il à ceux qu'il emploie?
Est-ce bien dans ce haut commerce entretenu par les
riches que les classes inférieures trouveront, généralement parlant, une école de moralité et de vertus do-
mestiques? Et ne peut-on pas dire que le résultat
ordinaire et naturel du luxe est de faire pénétrer le
sensualisme et la démoralisation dans les différentes
couches de la société; de faire naître l'antagonisme, l'envie et l'irritation là où la richesse sagement employée devrait seconder et fortifier l'influence régulière des classes élevées sur les classes
inférieures ?

Le premier et le plus louable usage de la richesse
est assurément de subvenir aux différentes misères des
nécessiteux, puisque le christianisme est avant tout
l'amour de Dieu et du prochain. Procurer au pauvre
le pain matériel sans lequel il ne peut vivre, et à l'i-
gnorant l'instruction dont il a besoin pour arriver à sa
destinée, voilà, sans nul doute, à quoi doit servir la

fortune entre les mains de ceux qui l'ont, et soit dit
en passant, c'est pour eux le meilleur moyen de la
consolider dans leur famille. L'entretien du culte,
sans lequel s'éteint bientôt toute instruction véritable
et toute charité au sein de la société, ne peut être non
plus complétement négligé par ceux qui ont les
moyens d'y pourvoir, et c'est un devoir pour tous ceux
qui le peuvent d'en assurer la décence. Mais comme
la libéralité de la Providence n'a pas réduit l'homme
au strict nécessaire et qu'elle a semé par le monde,
au sein de la terre et des mers, les trésors de sa magnificence par une multitude d'objets éclatants et précieux, il est évidemment dans ses desseins que son
action et ses œuvres ici bas ne soient pas complétement dénués de ce prestige extérieur qui peut captiver nos regards et notre admiration. Comme l'exercice de la puissance, soit spirituelle soit temporelle, est
la première condition de l'ordre dans la société, qu'il
est la principale forme de l'action divine sur la terre,
et qu'il importe de l'environner de tout ce qui peut
lui concilier le respect, il en résulte que l'usage le
plus naturel et le plus régulier de l'or, des pierreries,
des tissus précieux, etc., est de servir à relever la
splendeur du culte et de la majesté souveraine. L'autorité devant en outre demeurer toujours présente au
milieu de la société, toujours prête à s'exercer, et se
personnifiant toujours dans celui qui en est revêtu,
il est naturel aussi et il est sagement établi que les
dépositaires du pouvoir, selon le degré dans lequel ils
y participent, l'honorent et le fassent honorer dans

leur personne par une sorte de représentation qui n'est point imposée aux autres.

Enfin, il est certain qu'il y a dans la société d'autres rangs que ceux qui résultent des fonctions publiques, et que ce n'est point du tout la richesse seule qui les constitue et les assigne, mais bien plutôt la naissance, l'éducation, la nature des relations sociales, et qu'il y a nécessité pour chacun de vivre, non pas selon sa fortune, mais selon les exigences réelles de sa condition. Ce point n'a pas besoin d'être démontré, et ce n'est pas là ce qui présentera des difficultés sérieuses à ceux qui voudront combattre, au nom de la politique et de la morale, les habitudes et le goût des folles dépenses.

Il existe encore en France quelques familles qui ont au-delà de ce que l'on peut appeler les besoins de leur condition. Ce sont ces familles surtout qui peuvent avec succès et qui doivent lutter contre les entraînements du luxe. Quoi qu'elles fassent, leur exemple est toujours plus ou moins suivi. C'est à celles-là de se rappeler que les principes et les traditions du christianisme regardent *le superflu des riches* comme *le patrimoine des pauvres*, patrimoine dont les détenteurs ne sont, à la vérité, responsables qu'envers Dieu qui leur en a confié l'administration. A chacun d'eux, suivant la mesure de leurs facultés et de leur intelligence, incombe le devoir de subvenir aux nécessités publiques et de se dévouer au bien des autres. C'est là ce que comportait et signifiait autrefois le titre de gentilhomme.

Cela posé, il est évident que dans l'appréciation des nécessités et de l'intérêt publics, chacun reste libre de s'en rapporter à son propre jugement et de s'attacher à ce qui est le plus conforme à ses goûts en s'écartant le moins possible de la voie tracée par l'esprit chrétien et par l'opinion commune. Mais à ceux dont l'esprit plus élevé comprend la nécessité de la science et la haute utilité des lettres et des arts, qu'il nous soit permis de rappeler qu'il n'y a de science véritable et digne d'être encouragée que celle qui est parfaitement conforme à la vérité révélée; que l'art sans but moral est le luxe le plus frivole et le plus blâmable, et que la société des gens de lettres qui n'ont de valeur que par leur talent ne sera jamais une société vraiment polie et propagatrice de la véritable civilisation; l'estime qu'on leur doit ne peut dépasser celle que l'on accorde à des amuseurs publics. Or, la société a besoin aujourd'hui d'autre chose que d'être amusée. C'est encore là un luxe qu'elle s'est beaucoup trop accordé et qui lui a été fatal.

DES MARIAGES ET DE LA POPULATION

Les leçons que nous donnent les événements ne nous forceront pas seulement à réfléchir; il faut espérer qu'elles nous amèneront à mettre de côté cette fausse pudeur qui n'est d'ordinaire qu'un signe de dépravation et qui laisse au mal toute facilité de se répandre, par la crainte où l'on est soit de scandaliser ceux qui l'ignorent, soit de blesser la délicatesse de ceux qui le connaissent.

Il y a longtemps déjà que bien des hommes sérieux, politiques, médecins et savants, s'alarmaient du peu d'accroissement que l'on pouvait constater dans notre population; ils ne prévoyaient que trop ce qui vient d'arriver, que le premier événement qui en enlèverait une portion notable laisserait la France bientôt épuisée, la priverait des éléments de résistance nécessaires à sa sécurité, et l'exposerait à manquer de bras pour cultiver son sol; on voyait qu'à l'indépendance et à la richesse de la nation pouvaient se substituer bientôt les humiliations de la défaite, la ruine et la stérilité.

Ces alarmes n'ont pas été écoutées, et ces prévisions n'ont eu qu'un résultat : c'est de constater que nous n'avons pas été châtiés sans être avertis, et que nous sommes frappés parce que nous l'avons bien voulu.

La Providence est parfaitement justifiée dans ses sévérités à notre égard : *elle a révélé nos ignominies et mis à découvert nos iniquités. Apparuit ignominia tua...*(1)*Filia Edom, discooperuit peccata tua*(2). Notre perte vient de nous : *Perditio tua ex te, Israel*(3), voilà ce que nous pouvons nous dire. Les grandes fautes politiques dont l'aveu coûte moins à notre orgueil, l'abandon de Rome, l'abaissement des nations catholiques, l'appui donné partout aux puissances protestantes ou révolutionnaires, tous ces crimes que l'on pourra justement reprocher à un gouvernement de notre choix, sont bien les causes visibles et immédiates de nos désastres, mais ne sont que la conséquence de cette perversion de l'esprit et des sens qui nous a fait violer les plus saintes lois et les premiers préceptes de l'ordre naturel; la perturbation et les ruines de la société politique n'ont fait que suivre la perturbation et l'annulation de la société domestique.

La première de nos humiliations n'est pas celle que nous avons subie sur les champs de bataille où a été punie notre jactance; c'est celle qui résultait de l'accroissement de la population dans un pays protestant et plus pauvre, tel que la Prusse, comparée à l'accroissement de la nôtre. Faut-il donc admettre ce que l'on nous donne comme établi que chez nos ennemis il ne faut que cinquante-quatre ans pour que la popution soit doublée, tandis qu'il en faut cent quatre-

(1) Jerem., 13. 26
(2) Thren., 4. 22.
(3) Osée, 13. 9.

vingt-douze en France? Faut-il admettre que la vitalité soit de trois ou quatre fois plus grande chez une nation qui professe l'erreur que chez nous qui avons le bonheur de connaître la vérité? Est-ce donc que la vérité aurait cessé d'être la vie temporelle pour les sociétés, comme elle est la vie intellectuelle, morale et éternelle pour les individus? ou bien ne connaîtrions-nous la vérité que pour la délaisser comme règle des mœurs et trouver en elle notre condamnation?

Il y a là de sérieux problèmes qui appellent toute l'attention de ceux que Dieu a préposés au gouvernement de la société, soit spirituelle, soit civile, soit domestique, car c'est de ces trois sortes d'autorités que relève cette grande question des mariages et de leur fécondité. C'est la vie de l'homme sous ses trois aspects qui est atteinte dans ses sources, c'est-à-dire que c'est l'avenir des familles, de l'État et de la Religion dans notre patrie qui est visiblement compromis.

Que l'on ne s'arrête pas à cette considération que l'immoralité est encore plus générale en Prusse qu'en France et que l'on ne vienne pas dire : « Par conséquent le désordre des mœurs est plutôt favorable que nuisible à la diffusion de la vie au sein des sociétés; » car nous répondrons à cela : Il y a quelque chose de pire encore que ce qui est appelé ici et très-justement le désordre des mœurs : c'est la violation des premières règles de l'ordre naturel ; en d'autres termes les crimes contre nature ont une toute autre gravité que l'obéissance aveugle aux penchants de la nature.

Le second de ces désordres peut faire abonder une vie irrégulière au sein de la société comme la végétation abonde dans une terre vigoureuse et mal cultivée, où la mauvaise herbe croît avec la bonne au risque de l'étouffer, comme elle abonde sur certains arbres que l'on n'a pas soin d'émonder et qui donnent plus de bois que de fruits. Mais le désordre qui s'attaque aux sources mêmes de la vie constitue une immoralité beaucoup plus profonde, et il n'est pas nécessaire que ce désordre ait acquis une bien grande généralité pour placer une nation dans un rang moralement inférieur à celle dont les mœurs sont plus communément, mais moins profondément déréglées. Qu'on ne se trompe donc pas aux apparences : l'esprit catholique, c'est-à-dire l'esprit chrétien qui vit toujours chez nous, grâce à la lumière et à l'action permanente de la vérité, entretient au milieu de nous un sentiment d'honnêteté qui sauve les dehors et force le vice à se cacher ; les mœurs publiques sont meilleures qu'en Prusse, où la conscience, moins éclairée, réclame moins vivement contre le mal et oppose une digue moins forte aux défaillances les plus communes de la faiblesse humaine ; mais rien ne nous autorise à dire ni même à penser que nous valions mieux dans nos mœurs privées, c'est-à-dire dans l'observance de ces lois morales qui doivent régler les actes les plus secrets de notre vie ; loin de là, car les résultats déposent contre nous, et nous pouvons nous dire que, plus élevés dans l'ordre de la vérité et de la grâce, nous sommes, par notre infidélité, tombés plus bas dans l'ordre de la nature ; nous avons réalisé le terrible mot : *Corruptio optimi pessima.*

Mais nous avons, dans la connaissance de la vérité et dans l'esprit public, un point d'appui pour nous relever de notre abaissement et nous retrouver, dès demain, à un niveau moral bien supérieur à celui de la Prusse. Grâce à ce point d'appui, avec la souplesse et l'énergie de notre nature, nous pouvons, en peu de temps, montrer aux peuples qui nous insultent combien les nations catholiques sont facilement guérissables. Mais pour que notre résurrection soit prompte, et il faut qu'elle le soit, nous avons besoin que la parole de vie qui vient de la puissance spirituelle soit aidée du concours de la puissance extérieure, qui parle à nos intérêts en même temps que la première parle à notre conscience ; c'est-à-dire qu'à l'enseignement chrétien, qui a besoin d'être ravivé parmi nous, doit se joindre l'influence d'une législation chrétienne qui cesse de favoriser le mal et fasse trouver l'honneur et l'avantage dans les conditions de l'ordre. Jamais notre société ne saurait être plus prête à entendre ce langage de la religion et de la politique ; car le vide que la guerre et la captivité ont fait au sein de tant de familles a dû inspirer d'amères réflexions qui peuvent devenir salutaires. Que d'héritiers, que l'on avait cru enrichir par un isolement calculé, ne viendront plus s'asseoir à ce foyer qui leur était trop exclusivement réservé ! et que de tristesse y régnera maintenant que de plus jeunes rejetons ne peuvent plus surgir pour l'occuper ! Il est impossible que ces dures leçons ne soient pas comprises partout où la plaie du malthusianisme (1) avait étendu ses ravages; mais les peuples, et surtout le peuple français, sont ainsi faits que les impressions s'effacent vite, que les leçons les plus dures sont bientôt oubliées si ceux qui ont à les conduire n'en prennent pas occasion de les éclairer, de les exhorter et de les diriger. Il n'en peut être autrement : si les peuples savaient profiter de l'expérience pour se conduire eux-mêmes, le rôle de l'autorité serait inutile, elle n'eût pas été divinement instituée et le principe de la souveraineté populaire pourrait devenir un dogme inattaquable.

II.

Nous n'aurons jamais la témérité d'inviter l'Église à parler pour l'instruction du peuple chrétien; nous faisons profession de croire qu'elle est assistée de l'Esprit-Saint qui est esprit d'amour, et par conséquent de zèle, tout autant qu'esprit de sagesse et de vérité; aussi n'est-ce pas l'action et le langage de l'autorité souveraine que nous appelons au sujet de la question qui nous occupe. Nous savons parfaitement qu'elle n'a

(1) Nous nous servons sans regret de ce mot, puisqu'il s'est trouvé un homme assez infâme pour prêter son nom à des choses que l'on ne peut appeler par leur nom.

pas échappé à la sollicitude qui veille aux besoins spirituels de tous, et la célèbre Encyclique *Mirari vos*, la première de Grégoire XVI, tant de fois citée au grand parti qui s'efforçait d'en étouffer la mémoire, n'avait pas omis de stimuler en ce point le zèle des pasteurs, en les engageant à instruire les fidèles sur la sainteté et les obligations du mariage. Nous n'avons pas non plus à blâmer le silence dans lequel croient devoir se renfermer les chefs des églises particulières; c'est à eux et non pas à nous de juger s'il est temps de se taire ou de parler; mais nous pouvons exprimer le vœu que leur parole se fasse entendre, montrer qu'elle est d'avance justifiée, et surtout déplorer les causes qui leur ont imposé une réserve toute de charité et d'indulgence. Malgré notre antipathie pour l'esprit frondeur d'une certaine école qui semble faire consister le christianisme dans le mépris des convenances, nous n'hésitons pas à nous élever contre cette fausse délicatesse qui nous rend inaccessibles aux enseignements les plus pratiques et les plus obligatoires de la loi naturelle; et comme elle est le plus grand obstacle à l'intelligence et au respect primitif des conditions de la société, nous la combattrons en montrant combien elle nous a éloignés de l'esprit chrétien, en indiquant à quelles causes elle se rattache, et en rappelant l'ordre de vérités qu'elle nous a fait oublier; mais en la combattant nous la respecterons encore, autant, nous l'espérons, que l'exige la nécessité de ne point scandaliser les faibles.

Pour constater quel obscurcissement notre fausse

délicatesse a produit dans les intelligences, il suffit de
remarquer ceci : c'est qu'il n'est plus possible aujour-
d'hui de tenir le langage que tenaient les écrivains et
les orateurs les plus accrédités du seizième et du dix-
septième siècles, tels que saint François de Sales et
Bossuet. Je ne citerai du premier que ce qui me tomba
un jour sous les yeux en ouvrant au hasard un des
volumes de la collection de ses œuvres, sa belle para-
phrase du texte : *Osculetur me osculo oris sui*. Elle est
telle que je ne puis la reproduire ici ; mais j'engagerai
à la lire, et à méditer sur la communication des esprits
par le souffle, *spiritus*. Et que d'autres choses on pourrait citer du même saint, le plus acceptable cependant
des derniers écrivains chrétiens et pour la doctrine et
pour la forme ! Et qui oserait aujourd'hui faire un
discours tel que celui de Bossuet sur l'*union de Jésus-
Christ* avec l'âme fidèle ? Nous nous rappelons un travail qui parut en variétés dans l'ancien *Univers*, il y a
une quinzaine d'années, à propos d'un ouvrage sur le
Bonheur du ciel, travail qui fut ensuite examiné par bien
des théologiens et qui fut trouvé irréprochable. Autant
qu'il nous est possible d'en juger, les pensées et le langage de l'écrivain journaliste avaient bien moins de
hardiesse que l'on n'en trouverait dans les grands écrivains cités plus haut, et cependant dès le lendemain il
se trouvait que la délicatesse du sens moral et religieux des hommes du *Siècle* et du *Journal des Débats*
avait été blessée ; ces deux journaux réclamaient, au
nom de la doctrine catholique, contre cette sorte de paradis de Mahomet, que l'on substituait au paradis

chrétien tel qu'ils se l'étaient figuré jusque-là. D'autres alarmes moins vives et moins bruyantes, mais plus sincères sans doute, se manifestèrent, et après quelque temps il put être constaté que ces divergences d'impression et de jugement tenaient à ces mêmes causes doctrinales que nous aurons lieu d'indiquer tout à l'heure. Avant d'y arriver, remarquons encore une chose : c'est le soin qu'on avait mis de remplacer, dans les liturgies gallicanes, certains textes de l'Écriture ou certaines prières affectés par la liturgie romaine à la célébration de certaines fêtes ; que l'on parcoure par exemple l'office de la Circoncision, celui de la sainte Vierge ou des saintes femmes, et l'on verra les traces de cette fausse délicatesse qui rougit de se servir du langage adopté par l'Eglise, et qui forme peu à peu les fidèles à des idées de chasteté et de morale différentes des idées catholiques. Comment s'étonner après cela de l'impossibilité où se trouve aujourd'hui notre clergé d'entrer dans l'explication de certaines paraboles et de certaines expressions dont se sert l'Écriture pour nous élever à l'intelligence et à l'amour des choses spirituelles ?

La cause principale de cette déviation est certainement dans les doctrines qui se sont formulées au dix-septième siècle, et qui ont déclaré la puissance temporelle indépendante de l'autorité de l'Église et ne relevant que de Dieu même. Faire une telle déclaration, c'était prétendre que l'on peut se rattacher à Jésus-Christ autrement que par l'Église, ou aller à Dieu, en rejetant l'intermédiaire de celui qui est établi *mé-*

diateur entre Dieu et les hommes, deux choses également impossibles, également impies. Et comme la puissance temporelle, devenue seule interprète de la volonté divine en tout ce qui est de son domaine, prétend que toutes les choses extérieures lui sont assujetties et ne relèvent que d'elle seule, il s'ensuit que le monde matériel et visible se trouve ainsi soustrait à l'empire de la loi divine autant qu'il est au pouvoir de l'homme d'en empêcher l'action. C'est la rupture la plus complète de ce lien qui constitue essentiellement la *Religion* et qui rattache le monde inférieur au monde supérieur, les choses visibles aux choses invisibles, ce qui passe à ce qui ne passe pas; c'est par conséquent l'oubli des rapports qui existent entre le monde matériel et le monde spirituel, rapports qui ne nous sont connus d'une manière certaine et utile que par l'enseignement de l'Église; c'est le principe de séparation porté à sa plus haute puissance; c'est la constitution de deux ordres de choses indépendants l'un de l'autre, l'ordre spirituel, qui ne concerne que les âmes et les intelligences, et l'ordre matériel, dont les conditions ne sont soumises à aucune règle supérieure.

Dès lors, pour le chrétien, l'ordre de la nature ne présenta plus qu'un antagonisme perpétuel contre l'ordre de la grâce, et de là vint cette morale dure et sévère qui, voyant partout le mal, mettait dans une sorte d'impossibilité de l'éviter. Dépouillés de leur analogie avec les mystères de l'ordre spirituel, les mystères de l'ordre physique n'apparurent plus que comme des abîmes où le mieux est de se jeter les yeux

fermés quand on est près de s'y engager. On oublia
beaucoup trop que tout ce qui est sorti des mains de
Dieu est bon, et que si le mal introduit dans le monde
a pu souiller ses œuvres, il ne les a point rendues
mauvaises en elles-mêmes; que malgré leur état de
déchéance, elles sont encore un bien que nous devons
respecter et dont l'usage régulier constitue pour nous
un mérite. Comme les médecins qui s'attaquent systématiquement à toute espèce de maux en diminuant
par le sang le principe de la vie, on priva l'homme
de tout ressort et de toute énergie en l'invitant à détruire les forces de son corps et à « élever en lui l'édifice
de la grâce sur les ruines de la nature. » Quelle morale praticable, et comme elle a été pratiquée, celle
qui se résumait ainsi : *Vitare quod carni placet, caro
quod horret prosequi !* Comment, avec une pareille
règle de conduite, pouvait-on se permettre de donner
à son corps les aliments et le sommeil nécessaires?
Il est vrai que les modernes pharisiens qui faisaient
chanter de pareilles hymnes dans nos églises ne pre-
naient pas trop au sérieux ces maximes si ennemies de
la chair.

On peut admettre qu'il y ait eu une autre cause
encore au silence généralement gardé par notre clergé
sur ce qui tient à la sainteté et aux devoirs du mariage. C'est l'extrême licence qui régnait autrefois
dans les discours et dans toutes les habitudes de ce
monde brillant et frivole que l'on appelait l'élite de la
société, que l'on considérait comme l'arbitre du goût,
qui était en possession de donner le ton à la plus grande

partie de l'Europe. Le léger badinage, les plaisante-
ries, les allusions, les équivoques avaient tellement vicié
les relations, tellement fait prévaloir les idées sen-
suelles dans le langage, qu'il devenait bien difficile de
traiter de certains sujets de morale en termes assez
chastes, et que l'on avait à craindre de voir le remède
se changer en poison. Ce que l'on est convenu chez
nous d'appeler l'esprit et qui a toujours exercé une si
déplorable puissance n'a jamais su se concilier avec
le respect des mœurs, et nul écrivain même catholique n'échappe encore aujourd'hui à cette douloureuse observation. Est-ce donc que l'esprit français
tient plus de l'esprit immonde que de l'esprit chrétien?

La question qui vient ainsi se poser sous notre plume
est plus sérieuse qu'on ne pense, et elle n'est point
étrangère à notre sujet. Pour rentrer dans l'intelligence de ces lois morales que nous avons trop oubliées
et méprisées, il faut précisément substituer l'esprit
chrétien à l'esprit français, à ce vieil esprit gaulois
que nous ont transmis Marot et Voltaire. Ce que l'on
appelle esprit n'est que la facilité de saisir d'un coup
d'œil des rapports plus ou moins réels, mais communément inaperçus. Y aurait-il donc plus d'esprit à
ne voir dans chaque chose que ce qui flatte la mali-
gnité et de basses passions, qu'à y voir l'empreinte et
l'image de choses très-réelles, supérieures et parfaites?
Là est toute la différence entre l'esprit frivole et lettré
qui ne rajeunit que la haine ou les sens, et l'esprit
chrétien qui élève les pensées, ennoblit les cœurs et
renouvelle les nations.

Déjà cet esprit nouveau a soufflé sur notre société
en inspirant à plusieurs de nos prélats et de nos écrivains catholiques des ouvrages qui ramènent parmi
nous l'étude du symbolisme. Peu importe que ces ouvrages n'aient pas eu un grand retentissement. Ce
n'est jamais la masse des esprits qui entre au premier
moment dans une telle voie, mais ce sont toujours les
meilleurs, ceux qui doivent à la fin entraîner les autres et déterminer le mouvement. Qu'y avait-il de plus
inconnu encore, il y a un demi-siècle, que ce nom de
symbolisme? Les savants eux-mêmes n'étaient-ils pas
obligés d'en chercher la signification? Grâce à Dieu
nous sortons de notre ignorance et nous pouvons entendre dire que le monde physique et inférieur n'est
qu'une image et une expression énigmatique du monde
supérieur (1), c'est-à dire du monde moral et spirituel,
que les choses créées servent à faire comprendre les
choses invisibles (2). Faut-il après cela un grand effort
de raisonnement pour se dire que toutes les œuvres
de Dieu étant bonnes et portant l'empreinte de sa sagesse, de sa bonté et de ses mystérieuses opérations,
elles ont droit à notre respect selon la maxime adop-
tée par les âges chrétiens : *Natura veneranda est, non
erubescenda?* S'il y a quelque chose de difficile à comprendre c'est que l'on n'ait pas plus insisté sur cet
ordre d'idées qui consiste à présenter les objets sen-
sibles non comme de véritables réalités, mais comme

(1) *Videmus nunc per speculum, in ænigmate.* 1 Cor., 13. 12.
(2) *Invisibilia enim ipsius,* etc. Bom., 1. 20.

de simples figures de biens qui, pour être impalpables
et invisibles, n'en sont pas moins réels et seuls dignes
d'être appelés des biens. N'est-ce pas là qu'est la source
des pensées nobles et pures, de la générosité et du
désintéressement ? N'est-ce pas la voie qu'ont suivie
en tout temps ceux qui ont voulu s'élever au-dessus
de la terre et des sens ?

Et que l'on ne s'imagine pas que tout cela est trop
relevé pour la masse des populations. Ce n'est que la
continuation de l'enseignement en paraboles inauguré
par le Sauveur, qui n'employait pas d'autre langage
en s'adressant aux classes les plus humbles (1). Le
meilleur moyen de captiver les simples et les ignorants est de leur parler de ce qu'ils connaissent, de ce
qu'ils aiment, de ce à quoi ils sont attachés, et le meilleur moyen d'élever leurs pensées et leurs sentiments
est de leur faire voir que ce qu'ils aiment n'est qu'une
image très-imparfaite d'autres biens incomparablement plus précieux et plus dignes de leur ambition.

Quand on aura ainsi disposé l'esprit des peuples à
voir la main de Dieu dans chacune de ses œuvres, à
respecter par conséquent l'ordre naturel et ses mystères, à saisir quelques-unes des analogies qui existent
entre le monde physique et le monde spirituel, il ne
sera pas nécessaire d'insister beaucoup pour faire
admettre que le mariage est non-seulement une chose
sainte, mais mystérieuse et digne du plus profond respect. On sera dès lors plus libre de parler des devoirs
qu'il impose et des avantages qu'il apporte soit à la

____

(1) *Et sine parabolis non loquebatur eis.* Matth., 13. 34.

société spirituelle, soit à la société civile. Quand on connaît, comme on le sait aujourd'hui, quels désordres et quels crimes il recèle, n'y a-t-il pas urgence à combattre les causes qui en amènent la profanation ? Il ne nous appartient pas de parler du préjudice moral et spirituel qui résulte de la stérilité calculée des mariages, nous laissons ce soin et cette responsabilité à ceux qui sont chargés de la garde et de l'interprétation des lois de la morale ; mais nous pouvons parler du préjudice causé à la société civile, et c'est au nom des intérêts politiques les plus graves que nous appellerons l'action du clergé pour répandre la lumière sur certains points trop laissés dans l'ombre et le silence.

La stérilité, qui était un opprobre pour la femme dans l'ancienne loi, n'est point devenue un honneur pour elle sous la loi de grâce ; loin de là, et malgré tous nos préjugés nous ne pouvons qu'entourer d'un plus grand respect la mère d'une nombreuse famille. Ce n'est pas seulement pour les temps passés, c'est aussi pour les temps présents et pour tous les temps à venir que l'Église nous répète et nous invite à chanter avec elle que « la fécondité est une récompense *merces fructus ventris* (1). » Il y a plus : c'est dans l'acceptation de la charge qui lui est dévolue de perpétuer la famille que la femme trouve son salut (2). Telle est l'idée que le christianisme nous donne du rôle de la

(1) Ps. 126. 3.
(2) *Salvabitur autem (mulier) per filiorum generationem.* 1. Tim., 2. 15.

femme, et celle qui s'engage dans le mariage avec des dispositions et des idées contraires est dans la voie de l'infidélité, car il est plus d'une manière d'être infidèle à ses devoirs.

La fécondité ne serait pas une récompense si elle ne faisait que multiplier les charges de la paternité; aussi ne peut-on, sans une grave altération du sens chrétien, nier la bénédiction du ciel sur les grandes familles. C'est, du reste, ne pas tenir compte de l'expérience, et manquer de raison autant que de foi. Il n'est pas nécessaire d'avoir vécu bien des années et d'avoir vu beaucoup de choses pour être en mesure de constater que les familles nombreuses prospèrent généralement plus que les autres. Si l'on en a vu décroître, ce dont il est permis de douter, on en pourra citer beaucoup plus que l'on aura vues s'élever à une condition supérieure. La Providence, qui les a constituées, manifeste sa protection sur elles par la considération qu'elles obtiennent et la confiance qu'elles inspirent, par les alliances qu'elle leur ménage, par les talents qu'elles produisent et qui se forment plus naturellement dans le milieu de leur existence. Il y a là un vaste champ d'observations sur lequel on ne saurait trop souvent appeler l'attention des peuples, observations qui aident singulièrement à diriger leur vie pratique, accroissent en eux l'esprit chrétien et empêchent leur religion de dégénérer en une simple observance de prescriptions purement ecclésiastiques.

La stérilité des mariages tient, du reste, à l'antagonisme que l'on a laissé s'établir entre le fond de nos

idées et l'ensemble des enseignements chrétiens. Nous
sommes habitués tous (qui est-ce du moins qui n'a
pas ce reproche à se faire?) à appeler heureux ceux
qui ont reçu en partage ou sont en voie d'acquérir la
fortune, ceux qui parviennent aux honneurs et aux posi-
tions éminentes : c'est là une méprise grossière, une erreur de langage qui nous place tout droit dans le chemin
de l'ambition, de l'immoralité et de toutes les bassesses
imaginables. La meilleure morale à nous prêcher serait de nous désillusionner en ce point, et il ne faudrait pour cela ni grande science ni observation bien
profonde; il suffirait de prendre aujourd'hui l'un, demain l'autre, des nombreux textes de l'Écriture qui
commencent par ce mot *Beatus* ou *Beati* et l'on verra
d'abord s'il en est un seul qui s'accorde avec nos idées
et notre langage; ensuite, si l'on veut se donner la
peine de les méditer, ou plutôt si l'on veut expéri-
menter le bonheur qu'il y a à les *scruter* (1), on reconnaîtra qu'il y a là une source de sagesse propre à
éclairer l'esprit et à changer la direction de la vie.
Enfin comme complément et comme preuve fournie
par l'expérience, on pourra constater que les hommes
heureux, s'il en est parmi nous, ne sont pas ceux qui
courent, même avec succès, après la fortune et les honneurs ; impossible de trouver dans l'expression de leurs
traits ce calme et cette sérénité que respire d'ordinaire la
figure de l'homme vraiment chrétien, malgré toutes
les causes de trouble qui peuvent l'altérer et les di-

---

(1) *Beati qui scrutantur testimonia ejus.* Ps. 118. 2.

verses épreuves qui font de sa vie un combat perpétuel. Nous pouvons même dire plus : c'est que l'on aurait coupé court bien facilement aux grandes controverses de ces derniers temps sur le libéralisme et l'infaillibité, s'il n'y avait pas eu certains hommes trop persuadés que le bonheur en ce monde consiste à être quelque chose, et que pour arriver à être quelquelque chose, pour se rendre possible, il faut savoir s'accommoder aux idées de son siècle.

On craindra moins de voir la famille s'augmenter quand on sera moins persuadé que la fortune est nécessaire à son bonheur, et quand on sera entré dans cette pensée beaucoup plus chrétienne et plus juste : que les meilleures conditions d'existence pour l'homme, c'est la piété avec le nécessaire : *Pietas cum sufficientia.*

Voilà la morale dont nous avons besoin pour réformer nos tendances individuelles et pour faire abonder la vie au sein de la société.

III.

L'influence que l'action gouvernementale a exercée, soit directement, soit indirectement sur les mariages, n'a pas peu contribué à amener cette pénurie de population, qui est un signe d'immoralité et une cause d'affaiblissement pour la France. Nous disons l'action gouvernementale, parce que ce n'est pas seulement la législation qui a été peu favorable aux mariages et à leur fécondité, c'est encore l'esprit de l'administration et les goûts luxueux inspirés par le pouvoir et par ses représentants.

Il sera bien difficile d'expliquer chez nos gouvernements modernes la manie de légiférer en matière de mariage, si l'on ne veut y voir un esprit d'hostilité systématique et de défiance envers l'Église. Y a-t-il et peut-il y avoir en ce point une législation plus sage, plus morale, plus animée de justes tempéraments que la législation catholique? Tout ce que l'on a voulu faire en dehors n'a fait que restreindre d'une manière odieuse la liberté ou porter atteinte à la sainteté du mariage. Impossible d'éviter l'un de ces deux excès, ou sévérité excessive, ou relâchement et licence; notre législation a même trouvé moyen, ce qui, du reste, était facile, de tomber dans les deux à la fois, par le droit qu'elle s'est arrogé d'apposer des empêchements dirimants, et d'autoriser le mariage à certains degrés de parenté ou d'affinité interdits par l'Église. Nous ne rentrerons pas ici dans la discussion de cette question si heureusement soulevée et débattue à une époque où bien des honnêtes gens pouvaient encore croire le révolutionnaire des Romagnes, l'homme de Boulogne et de Sedan, disposé à nous donner l'ordre politique et la liberté religieuse. Admettons enfin, ce qui a été alors démontré, la nécessité de mettre nos lois civiles en harmonie avec les lois ecclésiastiques, et croyons bien que l'État ne peut mieux faire, en matière de mariage, que ce que l'Église recommande aux fidèles : s'opposer à toute union illicite, n'apporter aucun empêchement à ce qu'un mariage régulier puisse s'accomplir.

Notre législation en matière de succession touche de plus près qu'on ne pense à la question des mariages et de la population, et l'influence qu'elle a eue, comme celle qu'elle doit naturellement avoir dans la la suite, mérite d'être examinée. Ce sera pour ceux qui voudront s'y livrer, le sujet d'une belle et profonde étude, mais que l'on ne peut aborder utilement que dans l'absence complète de tout parti pris. Elle serait trop longue pour trouver place ici et je ne répéterai pas ce qui a été dit ailleurs à ce sujet (1) ; seulement j'insisterai sur ce point qui a déjà été touché, que si l'on veut voir les mariages se multiplier et les familles s'accroître, il faut éviter l'exagération du principe d'inaliénabilité de la propriété; c'est-à-dire qu'il ne faut pas que la portion inaliénable s'élève visiblement au-delà de « ce qui est nécessaire à une fa» mille honorable vivant habituellement dans ses » terres. » Que ce soit là la règle générale, et que l'on subdivise dans cette proportion les grandes fortunes territoriales au profit des différentes branches de la famille qui peuvent s'établir et former de nouvelles souches. Par là on facilitera les mariages, on arrivera à ce but que doit se proposer la législation, but favorable au bon ordre, à la moralité individuelle et à la pros-

______

(1) Voir notamment les *Lettres sur l'aristocratie et la propriété*. Paris, 1853. Librairie de L. Vivès.

périté du sol : « faire en sorte que les honnêtes pro-
» priétaires trouvent leur intérêt à résider dans leurs
» terres, » en d'autres termes, reconstituer sur tous
les points du territoire le plus grand nombre possible
de familles qui exercent une influence régulière et
vraiment civilisatrice. Chacune de ces familles, assurée de son existence matérielle et politique, par la
constitution d'un fond susceptible d'accroissement et
d'amélioration, aura moins à craindre de voir se multiplier le nombre de ses membres, et présentera les
éléments d'une population forte et vigoureuse, bien
supérieure en éducation, en intelligence et en moralité
à celle que le protestantisme prussien recueille du
libertinage et du divorce.

Sans avoir une confiance aveugle dans l'action di-
recte de la législation, nous consignerons ici, comme
un hommage rendu à l'ancien gouvernement sarde,
l'exemption d'impôts dont jouissait tout père de famille de douze enfants. Par de telles dispositions une
législation s'honore, en montrant quel esprit l'anime
si, du reste, elle est dans son ensemble d'accord avec
elle-même.

Ce qui a été en France le principal obstacle peut-
être aux mariages, c'est l'esprit antireligieux de notre
gouvernement, c'est l'exclusion qui a pesé dans les
diverses carrières sur tout ce qui était chrétien. En
écartant ceux que l'on appelait les cléricaux des fonctions publiques et des grades de l'armée, on a empêché un grand nombre de jeunes gens honnêtes de s'é-
tablir d'une manière conforme à leur éducation et à

leur condition; par là, on a privé l'État de la force morale et matérielle que lui eussent apportée bien des familles honorables, conservatrices des saines traditions, et véritable école où se forment les citoyens intelligents et dévoués au bien public. Que de générations chrétiennes on a ainsi étouffées dans leur germe! Et quelles familles se sont élevées à leur place, si toutefois il s'en est élevé? Les ennemis de la religion, que l'on a partout protégés et préférés, n'ont pas les mêmes raisons que les cléricaux de chercher à s'établir et à former des unions régulières; ils laissent un libre cours à leurs passions et gardent volontiers une indépendance que nulle affection profonde ne les invite à sacrifier; ou, s'ils consentent à se lier, ce n'est d'ordinaire qu'assez tard; rarement ils voient s'élever autour d'eux une nombreuse famille, et la génération qu'ils forment donne la plupart du temps à l'État plus de scandales que de services.

Veut-on avoir dans les classes élevées des familles chrétiennes, nombreuses et prospères ? Le problème n'est pas difficile. Que l'on adopte pour toutes les fonctions publiques cette règle générale et absolue : « Du moment qu'un homme a la capacité largement suffisante, s'il a une véritable supériorité morale et d'éducation, lui donner toujours la préférence. » Il arrivera infailliblement ceci : c'est que d'abord les fonctions publiques redeviendront honorables et seront plus que jamais honorées; c'est qu'ensuite, quand un jeune homme montrera, au début d'une carrière, de l'intelligence, du zèle et cet ensemble de qualités qui cons-

tituent le mérite, on pourra dire de lui qu'il arrivera
forcément. Avec des perspectives d'avenir assurées, il
pourra toujours facilemeent s'établir dans des conditions honorables et avantageuses, et une partie plus
ou moins notable des fortunes privées arrivera ainsi
sans captation et sans violence aux mains les plus
aptes à en faire un légitime emploi, ce qui est dans
les conditions les plus parfaites de l'ordre.

Ce luxe effréné, auquel le pouvoir déchu a si puissamment invité par ses exemples et par ses exigences,
a eu pour notre nation des conséquences incalculables;
il n'a pas été seulement une cause de ruine morale et
matérielle, il a encore tari une des sources de la population par les mariages qu'il a empêchés ou retardés,
ou rendus plus ou moins stériles; aussi les moralistes,
les philosophes et les hommes politiques ne sauraient-
ils le combattre trop énergiquement comme la plaie
la plus funeste à la prospérité et à la force des Etats;
mais pour le combattre efficacement, il faut le bien
connaître, et ce ne serait pas le connaître que d'en
faire remonter la responsabilité uniquement à la politique systématiquement corruptrice d'un gouvernement antichrétien; il faut bien se dire que le goût du
luxe est particulièrement propre à la nation française
portée plus que toute autre à la vanité, et que ce goût
a été entretenu et favorisé par les divers gouvernements que nous avons eus en France, sans en excepter
aucun, depuis le commencement de ce siècle, car sous
la royauté citoyenne le luxe bourgeois et financier
n'a fait que se substituer au luxe aristocratique. Ce .

n'est pas ici le lieu de dire quel genre de représentation doit être imposé aux principaux dépositaires du
pouvoir civil et militaire, au lieu de cette nécessité où
on les place de parader et d'étaler une magnificence en
dehors de leur caractère et de leurs moyens; mais
qu'il nous soit du moins permis de dire aux esprits
honnêtes qu'il y a là une erreur de conduite qui ne
peut que perpétuer chez nous un mal qu'il faut absolument combattre dans l'intérêt des bonnes mœurs
et de la population.

DE LA CÉLÉBRATION DU CULTE

Un des caractères de ce triomphe de l'Église que
tous les chrétiens attendent et qui doit être un des
premiers fruits de la paix, sera sans nul doute la
splendeur du culte divin. L'union des deux puissances
sera le monde extérieur rallié au monde spirituel, les
choses visibles servant à élever l'homme à l'intelligence, au sentiment et à l'amour des choses invisibles.
On comprendra que la paix ne peut régner longtemps
au dehors et sur la place publique si elle ne règne
dans les esprits, et que la vérité seule peut faire cesser les dissidences et les divisions ; mais la religion
verra les foules bien plus empressées de venir entendre
sa voix pacificatrice si elles lui sont attirées par ce qui
est fait pour captiver leurs sens. N'est-ce pas rentrer
dans les conditions les plus parfaites de l'ordre, que
de s'emparer de l'homme tout entier pour le conduire
au bien, de ses yeux par la magnificence des fêtes
religieuses, de ses oreilles par l'harmonie des chants,
de ses intérêts par la politique, de son esprit et de son
cœur par l'enseignement des vérités qui portent avec
elles la joie, les consolations et la paix ?

Il faut donc que l'art soit ramené à son but et qu'il
soit mis au service de la religion. Il faut rompre à jamais, et d'une manière éclatante, avec cette détestable

école janséniste qui ne présentait que la tristesse et la froide majesté dans le lieu saint, avec la frivolité impie de l'école mondaine qui avait fait sien tout le domaine de l'art, et avec le sensualisme des écoles matérialistes et athées qui le ravalait aux conditions ignominieuses du confortable et du stimulant.

Ce n'est pas seulement la vérité enseignée par la religion qui civilise les peuples; le culte extérieur y contribue incomparablement plus qu'on ne le pense. C'est dans la tenue des églises, dans l'ordre et la décence qui y règneront par le zèle et les soins du clergé, que la plus grande partie des populations même éclairées formeront leur goût, leurs habitudes et leur manière de juger. Aussi une administration sage et intelligente doit-elle contribuer autant qu'il est en elle à ce que la maison de Dieu, qui est aussi celle de tout le peuple chrétien, puisse servir de modèle à toutes les maisons particulières, que tout y respire la propreté, que chaque chose y soit à sa place et disposée de manière à prévenir le bruit, le tumulte et la confusion, que tout y annonce la tranquillité et la paix. C'est ainsi que l'on fait pénétrer les idées d'ordre au sein des masses.

Mais il y a quelque chose qui attire plus puissamment que ce langage muet qui ne parle qu'aux yeux : c'est le langage des voix, surtout lorsqu'elles s'élèvent avec cet ensemble qui porte au ciel de la part de tous l'expression d'une même pensée et des mêmes vœux: Puissance mystérieuse d'attraction parmi les hommes et de sollicitation auprès de Dieu, que

l'Eglise a très-bien connue dès les premiers jours,
qu'elle a dès lors formée et qu'elle n'a cessé d'encourager, exprimant en toute circonstance le désir que
les fidèles n'aient qu'une seule voix dans le lieu saint
puisqu'ils ne doivent y porter qu'un cœur et qu'une
âme ; puissance pleine de douceur et de force que les
sectes hérétiques avaient bien soupçonnée et que dans
leur instinct d'hostilité elles s'étaient attachées à détruire. C'est ainsi que sous des prétextes hypocrites, au
moyen des traductions et des variétés de formulaires,
on était parvenu à substituer la prière privée à la
prière publique même dans les réunions les plus so-
lennelles, où le clergé parle au nom de tous et où tous
devraient s'unir de cœur et de bouche avec lui. On
sait ce qui est arrivé de là ; c'est que pour le chrétien
condamné au mutisme, réduit à l'isolement, livré à sa
pensée, et n'ayant plus à entendre que quelques voix
dont les défauts ou les qualités ne se fondent plus
assez pour qu'il n'en soit point préoccupé, l'assistance
aux offices a été bien plus une fatigue et une souf-
france qu'une jouissance et une consolation. On s'est
dès lors dispensé de tout ce qui n'était pas absolument
obligatoire ; la piété s'est refroidie parce que rien
n'alimentait plus la ferveur, et l'Église a eu à gémir
en voyant que l'on n'accourait plus à ses solennités.
En vain, depuis près d'un demi-siècle, a-t-on voulu
attirer par l'étalage d'un luxe tout profane et en faisant exécuter les chants dans un goût qui ne l'est pas
moins, ni l'oreille ni les yeux n'ont apporté à l'âme
aucune impression religieuse, le chrétien est demeuré

isolé, simple spectateur et auditeur là où son cœur, sa foi et la voix de l'Eglise l'appelaient à s'unir et à contribuer à un ensemble plein d'ardeur et de vie.

Des efforts plus heureux ont été faits çà et là, nous le savons,; nous avons eu la joie d'en être témoin, et nous aimerions à rendre ici témoignage à plusieurs des villes épiscopales et grandes cités qui se sont distinguées dans cette œuvre de rénovation religieuse, si nous ne craignions d'être incomplet et injuste en ómettant peut-être celles qui auraient le plus de droit d'être nommées. Bénis soient les Pontifes dont la sollicitude intelligente s'est portée sur cette partie si vitale du culte divin, et bénis soient les coopérateurs qui les ont secondés avec le zèle et la piété nécessaires pour obtenir quelque succès et ne pas faire fausse route ! Que la reconnaissance de tous les chrétiens et des amis de l'art soit exprimée aux dix représentants de la province ecclésiastique de Bordeaux, qui, dans leur premier Concile, ont invité les fidèles de leurs diocèses à rentrer dans la pratique de la sainte antiquité et à exécuter en commun les chants de l'Église à deux chœurs formés alternativement de voix d'hommes et de voix de femmes,. usage, disent-ils, qui a produit les meilleurs fruits « partout où l'on a eu le bonheur de le conserver ou la sagesse d'y revenir. »

Mais jusqu'à ce jour nulle impulsion n'est partie du point qui pouvait la donner de la manière la plus efficace et généraliser ce mouvement salutaire, mouvement régénérateur si l'on sait l'étudier et le comprendre, et puissant instrument de conversion, puisque c'est le

meilleur moyen de ramener les populations au pied
des autels. Paris, que l'on a mis peut-être trop facilement en possession du sceptre de l'art, Paris, dont le
suffrage et l'admiration sont les derniers titres que les
plus éminents artistes puissent présenter aux suffrages
et à l'admiration du monde entier, Paris n'a rien fait,
l'on peut dire, pour donner aux nombreux étrangers
qui viennent le visiter, une idée de ce que devrait et
pourrait être le chant ecclésiastique, et pour offrir un
modèle d'exécution à imiter.

En effet, l'on ne peut compter pour quelque chose de
sérieux en cette matière ce qui n'a aucun résultat pratique, tel que le congrès qui s'est réuni il y a quelques
années pour la restauration du chant religieux, et où
l'on devait nécessairement se borner à un simple
échange d'idées suivi de l'émission de quelques vœux.
La commission permanente établie à la suite du congrès n'a eu ni l'occasion ni la possibilité de marquer
son existence par quelque œuvre ou quelque acte utile,
et elle s'est éteinte d'elle-même sans qu'il soit possible
de dire à quel moment. L'école normale qui a été fondée sous la direction de Niedermayer, n'était pas cons-
tituée, cela était évident dès le principe, dans les conditions voulues pour atteindre le résultat que l'on
disait avoir en vue; inutile de dire ici pourquoi, mais
nous le dirons facilement quand on voudra sérieusement se mettre à l'œuvre. Notre but n'est pas de critiquer ce qui est, mais de faire comprendre et désirer
ce qui doit être.

Voilà ce qui a été fait pour la partie théorique, et

c'est peu de chose, on en conviendra. En pratique, on a fait moins encore, disons mieux : on a fait pis. En l'absence de toute direction intelligente venue de haut, le mauvais goût, le goût profane dont nous parlions, a prévalu à peu près partout. On a voulu introduire l'art dans le chant au lieu d'y ramener l'esprit de prière, et l'on s'est adressé à des artistes. Encore si l'on s'était dit que, pour faire de l'art chrétien, il faut d'abord trouver des chrétiens qui soient artistes et qui fassent entrer et dominer le christianisme dans l'art, on eût été moins exposé à se fourvoyer. Mais la réflexion ne s'est probablement pas présentée à l'esprit, ou le problème a paru trop difficile, et l'on est allé demander des artistes aux écoles les moins chrétiennes, telles que le théâtre, etc. C'est ce qui nous a donné cette musique à laquelle l'assistance ne comprend rien et dont les longueurs s'imposent au célébrant et aux fidèles avec aussi peu de fruit et de jouissance pour les uns que pour l'autre; ou bien ce chant ecclésiastique tellement défiguré et surchargé par les combinaisons de l'harmonie que la mélodie en devient insaisissable pour ceux qui voudraient la suivre et s'y rallier. Et lorsque les savants artistes attachés à l'Église ont rempli dans ces conditions les parties de l'office et du chant qu'ils se sont adjugées, ils nous laissent pour les autres livrés aux voix vulgaires de chantres aussi étrangers aux procédés de l'art qu'aux habitudes du christianisme.

Nous ne voudrions pas généraliser plus qu'il n'est juste de le faire, mais quel que soit notre désir de rencontrer des exceptions, nous avouons n'en pas connaître, demeurant du reste toujours prêt à les admettre quand on pourra nous en indiquer. C'est là un fait aussi singulier que déplorable, mais qui s'explique quand on sait à quelles difficultés doit s'attendre un homme de goût et de zèle qui veut entreprendre une réforme sérieuse en luttant contre la routine et l'ignorance. Chose scandaleuse et navrante, toutes les fois que l'on a jugé à propos de faire intervenir l'art religieux au théâtre, il y a été mieux compris qu'il ne l'est habituellement dans nos églises, et le caractère des chants y a trouvé plus fidèlement sa véritable expression. Mais c'est qu'aussi le théâtre a sur l'Église l'avantage de compter bien plus d'hommes exercés à donner à chaque chose son sens naturel. Tandis que les amis de l'art profane recherchent avec tant de soin les voix les plus belles et les plus pures, qu'ils les soumettent à de si longues et de si dispendieuses études, et que l'on achète ensuite au prix de l'or le plaisir de les entendre, combien peu de chose il se fait dans nos séminaires et nos paroisses pour former ceux qui ont à se faire entendre au milieu des plus augustes assemblées, et pour leur apprendre à donner aux choses religieuses le caractère de pureté, de simplicité et de vérité qui leur est propre! Nous avons dévié des grandes traditions de l'Église, qui mettaient à peu près sur la même ligne le chantre et le prédicateur, l'homme chargé d'exprimer la prière et le ministre chargé de formuler la doctrine. En vain l'on a rappelé dans ces dernières années l'exemple d'un de nos plus grands Pontifes et du plus grand des souverains qui aient régné sur le

monde, de saint Grégoire instruisant lui-même les enfants à chanter, et de Charlemagne, ne croyant pas déroger en remplissant la dignité de grand chantre (1);
nous avons aujourd'hui des communautés ecclésiastiques où l'on s'imagine sans doute que les idées
modernes ont changé la nature des choses, et que notre civilisation ne peut plus attacher tant d'importance à ce qui occupait de si illustres personnages,
quoique le monde leur dise très ouvertement, par tout
ce qu'il fait pour ses chanteurs et ses cantatrices, que
le sens de l'ouïe n'a pas cessé d'être la voie la plus
sûre pour arriver à captiver les hommes et obtenir
d'eux ce que l'on veut. Rien de tout cela n'est compris;
on croit se renfermer sagement dans ce qui est le fond
même et l'essence de la religion, et l'on abandonne
sans direction aucune tout ce qui concerne le chant
ecclésiastique à la sagacité et à la fantaisie de simples
élèves dont le goût n'a pu se former par l'étude des
saines traditions et par l'intelligence de l'esprit de
l'Église qu'on ne leur a pas appris à connaître en ce
point.

II.

Voilà où nous en sommes encore, malgré tout ce
que la presse religieuse a pu faire depuis quinze ans

(1) On montre encore aujourd'hui, à la cathédrale de Metz,
une chappe que l'on croit avoir été portée par le grand et religieux empereur.

pour appeler l'attention et exciter le zèle sur ce riche et magnifique sujet, pour en relever l'importance et indiquer ce qu'il y aurait à faire. Mais ici encore, comme sur bien d'autres points, nous n'avons pas tardé à reconnaître que les grandes initiatives accompagnées d'une action soutenue, ne surgissent guère dans la société chrétienne en dehors des conditions ordinaires de l'ordre, qui veut que chacune des deux puissances apporte son concours dans l'accomplissement du bien, lorsque le bien à procurer est à la fois extérieur et spirituel. Et que l'on ne nous accuse pas de vouloir faire intervenir ici le pouvoir séculier dans ce qui n'est point de son ressort; car s'il est de son devoir de veiller à la conservation du culte et d'en assurer l'existence, il est louable à lui d'en procurer l'éclat et la splendeur. L'Écriture en fait un mérite à Judas Machabée : *Dedit in celebrationibus decus* (1); et David trouve sa justification dans le zèle qu'il y a mis : *Domine, dilexi decorem domus tuæ.* Ne pourrait-on même pas aller plus loin et dire que la pureté du sanctuaire par la vie extérieure de ses ministres n'a rien qui lui soit étranger, puisque l'admirable résumé de politique que contient le psaume *Memento, Domine, David,* nous présente la vertu chez le prêtre et la joie chez les justes comme les fruits de la piété du prince aussi bien que la protection assurée à la veuve et le secours à l'indigent? Et ne trouverait-on pas l'exemple de ce zèle dans celui qui est le modèle et le plus

______

(1) Eccli. 47. 12

grand des souverains, cet immortel Charlemagne que l'on ne saurait trop souvent citer ?

Mais sans étendre jusque-là le domaine extérieur où le pouvoir séculier est appelé à exercer son action, nous n'avons pas à craindre d'excéder en le présentant comme l'interprète du peuple chrétien auprès de l'Église pour demander la suppression de ce qui est abusif et contraire à l'ordre, et aussi pour réclamer ce qui peut favoriser la piété, élever les pensées, épurer le goût, faire contracter de salutaires habitudes. Et en apportant le tribut de ses lumières avec la manifestation de ses désirs, il a pour lui cet avantage spécial, qui à lui seul constitue déjà une forte initiative, d'être en mesure de fournir les moyens matériels nécessaires à l'exécution des sages réformes et des véritables perfectionnements. Et qui oserait dire qu'en offrant ainsi son concours pour ce que l'Église elle-même ne peut que désirer, il ne soit parfaitement fondé à s'enquérir de la manière dont ce concours sera utilisé ?

Même au simple point de vue de l'art, un gouvernement intelligent devrait encore appeler le concours de la religion pour le rendre populaire. Et quand nous parlons de l'art, nous entendons avant tout parler de l'art musical, qui est incomparablement le plus puissant pour impressionner les esprits, produire l'enthousiasme et influer sur les mœurs. Mais comment en faire entendre le langage aux masses, où aller les trouver pour agir sur elles, si ce n'est au seul lieu où on les trouve régulièrement assemblées et où elles veulent consentir à se rendre, parce qu'elles sen-

tent que là seulement il y a un motif sérieux qui les
appelle? Et ce qu'elles auront entendu là de plus intel-
ligible et de plus saillant, se liant à des intérêts qui les
touchent plus qu'elles ne se l'avouent, elles le retien-
dront, elles le répèteront au moins mentalement si
elles n'osent ou ne peuvent le faire à haute voix ; et
c'est ainsi que l'art, formant leur oreille et leur goût,
agira sur leur esprit et élèvera leurs pensées.

Et ce moyen, que la religion présente comme de
beaucoup le plus facile pour initier les masses à la
connaissance et à l'amour de l'art, est encore non seulement le plus nécessaire, mais à vrai dire le seul pour
que l'art atteigne son véritable but. Ce but est, dit-
on, d'inspirer de plus nobles pensées et d'adoucir les
mœurs. Il y a longtemps que c'est chose reconnue, et
l'antiquité ne faisait que parler en symboles lorsqu'elle
nous montrait les pierres se mouvant d'elles-mêmes
pour former des villes, les tigres, les lions et les ours
dépouillés de leur férocité aux sons magiques d'un instrument. C'est très-bien ; mais l'antiquité est pleine
de fascination et d'erreurs ; même en retranchant
l'exagération de son brillant langage, on n'y trouve
encore qu'une demi-vérité : c'est que si la musique
peut être un élément d'ordre et un moyen d'ascendant
régulier sur les hommes, elle peut très-bien aussi
n'être qu'un élément de dissolution et n'exercer qu'une
influence pernicieuse ; c'est que si elle est apte à inspirer
des pensées nobles et élevées, elle ne l'est pas moins à
inspirer des pensées frivoles, et que si elle peut produire
des impressions salutaires et religieuses, elle en peut

aussi produire de tout à fait contraires. Méfions-nous donc de ceux qui viennent nous prôner la musique simplement comme moyen de civilisation, car elle ne civilise que selon la nature des sentiments qu'elle cherche à inspirer; aussi puissante pour le mal que pour le bien, elle a peu de valeur par elle-même et n'a, pour la plupart de ceux qui l'entendent, de sens que selon les sujets auxquels on la rattache ou les circonstances dans lesquelles elle intervient.

C'est ce qu'avait très-bien compris cet Empire du mal que nous avons subi. Dans son vaste système de déchristianisation, il n'avait eu garde d'oublier la musique profane, et il avait multiplié les écoles de chant et les orphéons pour détourner des réunions saintes du dimanche et façonner les esprits à des pensées tout autres que religieuses. Notre éducation musicale devait être le complément de notre instruction universitaire et contribuer à faire la France telle que les Prussiens se flattaient de la trouver : une nation amollie par la frivolité et les raffinements du luxe.

Mais il y a encore en France, grâce à Dieu, un fond de christianisme qui a trompé l'Empire, qui a pu surprendre les Prussiens et dont l'expansion dans le domaine des arts fera l'admiration du monde quelque peu qu'il y soit introduit. Plus heureuse que l'antiquité païenne, qui n'avait que des souvenirs mêlés de fables, l'Église catholique a conservé la harpe de David, qui saura, dans tous les siècles disposés à l'écouter, produire des merveilles plus réelles que la lyre d'Orphée. Appelez le peuple chrétien, comme le lui de-

mande l'Église, à se réunir dans les temples du Seigneur aux jours qui lui sont consacrés; invitez-le à ne
former qu'une voix pour louer Dieu, pour célébrer sa
puissance, la protection dont il couvre ceux qui le servent, les bénédictions qu'il répand sur eux; en un
mot, apprenez à ce peuple à répéter les chants sacrés
du Prophète-Roi, et pour cela donnez-lui des guides
intelligents, qui tantôt le forment en différents chœurs,
assignant à chaque âge et à chaque sexe la part qu'il
doit remplir, tantôt confondent toutes les voix en une
seule ou les harmonisent en un concert grandiose, et
vous verrez ce que deviendra ce peuple chrétien formé
par la puissance de l'art unie à celle de la foi; les
jours du repos et de fête lui apporteront la joie et la
vie, embellis qu'ils seront par des chants qu'il aura
appris à comprendre, auxquels il s'associera, qui oc-
cuperont ensuite son esprit, et qui reviendront sur ses
lèvres aux heures de son travail; il aimera les lieux
où il trouve ces douces impressions; il s'attachera à la
religion qui lui impose de tels loisirs pour lui faire
éprouver où sont les consolations, où est la paix, et il
sera bien plus disposé à l'écouter dans les enseignements qu'elle lui donne, et dans les récompenses qu'elle
lui montre pour lui apprendre à régler ses désirs et à
réprimer ses passions.

Voilà comment l'art chrétien contribue à civiliser
les peuples; la civilisation qu'il leur apporte ressemble
peu, il est vrai, à celle que l'on prétendait nous donner par l'art profane; il y a toute la différence qui
sépare la morale de l'Église de celle des théâtres;

l'une fait aimer le devoir, l'autre fait aimer le plaisir ; l'une fait les générations fortes, honnêtes, amies de l'ordre et de la discipline, l'autre les livre à toutes les fantaisies de l'imagination, à toutes les séductions du sensualisme qui les poussent au désordre et à l'anarchie.

Et que l'on n'aille pas s'imaginer que nous nous exagérons les résultats de la réforme que nous demandons. Nous n'avons pas la simplicité de croire que nulle action ou impulsion humaine soit assez puissante pour opérer une transformation subite qui fasse vibrer toutes les voix et les élève en accents sonores jusqu'aux voûtes de nos églises. Nous savons parfaitemet que toute réforme salutaire s'opère lentement, et si elle ne rencontre pas toujours des passions furieuses, elle a tout au moins à lutter contre la routine, l'ignorance et l'inertie, qui lui opposent une résistance tout aussi difficile à vaincre. Dans quelque voie que l'on s'engage on n'arrive jamais complètement au but, ce qui ne dispense personne d'y marcher. Il n'y a ici qu'une chose certaine : c'est que jusqu'à présent le pouvoir n'a rien fait, que tout est à faire, et que l'on peut beaucoup obtenir.

Quand on n'établirait dans la capitale qu'une grande école normale de chant, qui ne serait autre que la transformation du Conservatoire en le dirigeant avant tout selon le but que l'on doit se proposer, il suffirait de s'entendre avec l'autorité ecclésiastique pour que les nombreux élèves de cette école fussent admis à former habituellement le chœur d'une des principales

églises et y exécutassent les chants ecclésiastiques dans
les conditions les plus parfaites de l'art chrétien, lesquelles présentent une variété, une richesse et une
splendeur qui sont à peine soupçonnées et qui étonne-
raient les plus habiles (1). Une telle exécution ne
manquerait pas d'attirer les grands du monde et les
amateurs, qui apprendraient à connaître ce qu'ils ne
connaissent pas, ce que c'est que l'art et ce que c'est
que la religion. Ce serait là, sans nul doute, le commencement d'une de ces grandes écoles de chant
comme il en existait au moyen-âge sur différents points
de l'Europe, et où se formaient d'habiles maîtres qui
devenaient ensuite les propagateurs du bon goût et
les conservateurs des saines traditions. De là sorti-
raient bientôt des maîtres de chapelle et des organistes
par lesquels la réforme s'introduirait de proche en
proche dans les cathédrales, les séminaires et les paroisses.

(1) Il y a quelques années nous avions le bonheur d'assister
le jour de Pâques, dans l'Église de Saint-Laurent, à une messe
dont les chants, harmonisés et dirigés par l'éminent artiste
Gustave Delsarte, digne fils de son illustre père, étaient exé-
cutés par une quarantaine de ses élèves ou amis. Aussitôt
après l'Évangile, le vénérable curé, l'abbé Duquesnay, étant
en chaire, les remercia publiquement du service qu'ils rendaient à l'Assemblée des fidèles : « Vous nous avez fait prier »,
leur dit-il. Nous avions à côté de nous un homme du grand
monde, connu pour son amour de l'art, qui ne pouvait
contenir son admiration en entendant ces chants d'une fraî-
cheur vraiment angélique, et dont les harmonies étaient si
merveilleusement en accord avec le sens des paroles les plus
mystérieuses.

Que serait-ce si le pouvoir se montrait disposé à favoriser l'établissement de semblables écoles-modèles ou normales, partout où l'autorité ecclésiastique en aurait les éléments nécessaires et en exprimerait le désir? Que serait-ce si l'on invitait à entrer dans l'esprit de ce plan les membres des congrégations religieuses vouées à l'enseignement, et si l'étude du chant, dirigée dans ce sens, prenait une plus grande place dans l'instruction publique? L'éducation de la jeunesse y gagnerait incomparablement plus que par tout l'enseignement musical qu'on lui donne aujourd'hui et que les familles paient à grands frais, car ce qui contribue à une bonne et saine éducation, ce n'est pas du tout de pouvoir lire à première vue une page de notes présentant plus ou moins de difficultés; on peut très-bien, avec cela, n'être qu'un rustre ou un idiot formé à rendre des sons en rapport avec les signes qui parlent aux yeux; mais ce qui appelle l'exercice des plus nobles facultés de l'homme, c'est de lui apprendre d'abord à saisir le sens de ce qu'il doit formuler, ensuite à le rendre de manière à ne point l'altérer, mais plutôt à le faire comprendre et sentir aux autres, et pour cela l'exprimer avant tout, comme nous l'avons dit, avec simplicité, pureté et vérité. Former ainsi la voix, la prononciation et le goût, n'est-ce pas former en même temps tout l'homme intérieur et extérieur? Et vraiment est-ce bien l'art profane qui offre des sujets sur lesquels on puisse, non seulement sans danger, mais encore avec utilité, concentrer toute l'attention de la jeunesse, et surtout appeler l'exercice

de la faculté de sentir? Qu'au contraire on applique
même la jeunesse des séminaires à l'étude du chant
ecclésiastique ainsi comprise et cultivée, et l'on verra
ce qu'elle gagnera d'esprit de piété, de simplicité et
de modestie dans la nécessité qui lui sera imposée de
s'exercer à rendre d'une manière pure, naturelle et
correcte les pensées les plus nobles et les plus saintes.
On reconnaîtra bientôt que le chant religïeux est un
élément de régénération pour le sanctuaire comme
pour toute la société, et l'on commencera enfin à comprendre l'importance qu'y ont attachée les plus grands
génies qui aient régné sur le monde.

II.

L'altération du goût ne vient que de l'altération du
sentiment religieux et elle en découle nécessairement.
Mais quand le goût a été une fois altéré et longtemps
faussé par de mauvaises traditions, l'esprit religieux
le plus sincère et le plus ardent a grand'peine à retrouver sa route et a besoin d'un long travail d'étude et
d'observation pour savoir avec quelque certitude ce
qu'il doit garder ou rejeter des usages qu'il trouve
établis. C'est pour faciliter et abréger ce travail d'examen, d'épuration et de réforme, que nous nous per-
mettrons de préciser ici quelques points qui nous semblent à peu près acquis soit par la réflexion, soit par

de fréquentes discussions avec les hommes les plus compétents.

L'homme qui veut sérieusement s'occuper du chant religieux ne doit jamais perdre de vue ce principe fondamental et vital que le chant de l'Église est une prière dans la plus large acception du mot, supplications, louanges, actions de grâces adressées à Dieu ou aux habitants du ciel. Le chant n'est que l'expression publique de la prière; c'est à cette idée que tout doit être ramené, et il faut rejeter tout ce qui s'en écarte soit dans le sens de la phrase musicale, soit dans l'exécution et l'expression. Quelque belle, agréable et solennelle que puisse paraître une mélodie, si elle est en désaccord avec le sens des paroles, elle est par là même condamnée; elle est mauvaise. Ce qu'il faut demander dans un *Kyrie,* ce n'est pas qu'il soit grand et majestueux, c'est qu'il soit pieux et humble. Cette seule observation suffira déjà pour mettre de côté une partie des messes dont l'emphase gallicane nous a dotés dans ces derniers siècles.

Mais c'est surtout dans l'exécution qu'il importe et qu'il convient à tous de ne pas oublier le caractère religieux du chant ecclésiastique; nous pouvons affirmer qu'il sera toujours défectueux si l'on n'y met pas les qualités que doit avoir la prière, c'est-à-dire que sans l'attention et la ferveur, d'une part l'expression en sera faussée, et de l'autre il manquera d'animation et de vie. La prière, formulée par le cœur et énoncée par les lèvres, se prononce d'une manière parfaitement distincte et naturelle, sans précipitation extrème, quelque ardente qu'elle soit, sans affectation, sans effort et sans prétention aucune comme sans négligence : voilà les véritables et les premières qualités du chant. Toutes les règles que l'on vient nous donner et que nous avons vues publiées dans certaines *Semaines religieuses,* sur l'attitude à prendre, sur la manière de se poser pour donner à la voix tout son essor et sa puissance, tout cela doit être rejeté avec mépris, tout cela est misérable et ne formera jamais que des chantres bouffis d'orgueil et de prétention. On doit pouvoir chanter comme on prie, assis, debout ou à genoux, car la prière s'accommode de toute attitude décente comme elle s'adapte à tous les actes réguliers de la vie, et nous admettons que l'ouvrier comme l'homme des champs puisse chanter, tout en restant attaché à son travail, tout aussi parfaitement que le chantre à son pupître.

Une prière fervente s'accommode peut-être moins encore d'une trop grande lenteur que d'une extrême précipitation. Ainsi en est-il nécessairement du chant. C'est pourquoi l'on ne peut que blâmer et réprouver ce pharisaïsme qui fait consister la majesté dans la pesanteur et qui ôte à nos solennités leur véritable caractère en faisant tout ce qu'il faut pour substituer la lassitude et l'ennui à l'allégresse. Est-ce donc que la joie, à laquelle l'Église nous convie dans ses fêtes (*Gaudeamus omnes… diem festum celebrantes*) s'exprime naturellement avec plus de lenteur que la tristesse et l'affliction ? Ne serait-ce pas plutôt le contraire ? C'est dans l'angoisse et la douleur que la prière se prolonge, qu'elle insiste et persévère pour appeler le secours et

la consolation *(factus in agonia prolixius orabat)* (1) ;
mais les acclamations de la joie, les accents de la reconnaissance et les chants de triomphe ont une expression plus rapide et plus brève, ils ne se formulent pas
en *lentissimo*, mais en *allegro*. Rentrons donc dans la
nature des choses et n'allons pas croire que le plus ou
moins de solennité des fêtes dépend de la longueur
des chants pas plus que de la longueur des sermons (2).
Rompons une bonne fois avec ces traditions gallicanes
qui ne tendent qu'à faire poser l'homme et à l'imposer
à la multitude des fidèles, jusqu'à leur faire déserter
l'église, où ils ne voient plus que lui. Multipliez les
offices autant que vous le pourrez ; mais ne les allon-
gez pas outre mesure, et faites qu'en y assistant on y
trouve un repos plein de vie et non une fatigue mortelle. Priez, et donnez à votre prière un caractère tel
que tout le monde aime à prier avec vous, que tout le
monde unisse sa voix à la vôtre. Tel est le vœu de
l'Église. Notons bien ce second point.

Le chant est une prière publique à laquelle l'Église
désire voir tous les fidèles s'associer dans les parties
où ils le peuvent et qui ne sont point, par leur nature,
réservées soit au célébrant seul, soit au chœur.

Nous n'interprétons pas d'une manière gratuite les
intentions de l'Église ; elles sont très-clairement exprimées et ne peuvent laisser aucun doute. Déjà nous

(1) Luc, 22. 43.

(2) Ici où je suis, et dans bien d'autres localités, hélas ! des
longueurs et des cris, voilà ce qui caractérise nos fêtes. C'est
ainsi que l'on nous invite à nous réjouir dans le Seigneur !

avons cité à ce sujet les Pères du premier Concile pro-
vincial de Bordeaux s'adressant en commun, dans une
lettre synodale, aux fidèles de leurs dix diocèses et
leur recommandant la pratique du chant général et
alterné. S'il est besoin d'une autorité plus haute, nous
pouvons citer celle du Chef de l'Église lui-même qui,
il y a une douzaine d'années, a, par une concession
générale, accordé des indulgences spéciales à tous les
fidèles qui unissent leur voix à celle du chœur dans la
célébration des offices les dimanches et fêtes et pendant le mois de Marie. L'intention de l'Église est donc
bien constatée; les chefs de paroisses et de communautés ne peuvent l'ignorer, et s'ils ont quelque zèle
ils ne peuvent mieux faire que de s'y conformer.

Pour cela, la première condition est que le chant
soit mis à la portée commune des voix. Il faut donc
renoncer à ce détestable usage si étranger et si contraire à la véritable piété, d'élever le chant à une hau-
teur que les voix ne peuvent atteindre sans effort et
qui convertit la prière en un ensemble de cris et de
clameurs. Ceux qui provoquent ce désordre ne savent
pas quelle tristesse ils inspirent aux âmes pieuses
qui voudraient trouver l'expression simple et naturelle de leurs pensées; et si leur imagination déré-
glée ne les empêchait de réfléchir, ils comprendraient
de quelle responsabilité ils se chargent en privant
les fidèles des consolations et des grâces attachées à ce
concours de tous dans la célébration des louanges di-
vines.

Un autre désordre à éviter, et qui est aussi commun

dans Paris que le premier l'est dans les campagnes, c'est de surcharger le chant de parties harmoniques où la mélodie, c'est-à-dire la partie principale disparaît tellement qu'elle devient insaisissable et qu'il est impossible aux fidèles de s'y rallier. Il y a là une absence de goût qui confondrait, si l'on ne savait que la plupart des artistes qui dirigent les chants religieux dans les églises de la capitale sont tout aussi étrangers au sentiment de l'art qu'au sentiment chrétien. Car autre chose est de pratiquer, autre chose est de sentir.

C'est sans doute ce désordre et les inconvénients qui en résultent qui ont fait penser à quelques hommes intelligents que le plain-chant ne devrait être exécuté qu'à l'unisson par toutes les voix. Dieu nous garde de ces théories extrêmes et absolues qui limitent et rétrécissent le domaine religieux en banissant de l'enceinte de nos temples ce qui élève le plus puissamment nos esprits et nos sens vers les choses mystérieuses ! Si la religion est en elle-même et par essence le lien qui rattache l'homme à Dieu et la terre au ciel, y a-t-il rien au monde qui s'en rapproche et s'identifie autant avec elle que l'harmonie, ce vivant symbole de toute union, expression fidèle de la variété dans l'unité ? Si l'or et les pierres les plus précieuses ne peuvent être mieux employés qu'à relever la splendeur du culte divin, comment ne pas faire servir aussi à la gloire du Très-Haut ces richesses de l'harmonie qui parlent bien plus vivement à l'âme que l'or et le diamant ne sauraient jamais parler aux yeux ? Et que l'on ne nous dise pas que nous nous en exagérons la vertu et la puissance : il est très-possible que ceux qui nous parlent n'en aient jamais vu les effets, c'est-à-dire l'impression saisissante et profonde qu'elle produit sur les masses les plus incultes et les plus ignorantes, parce qu'il est rare que l'on voie l'harmonie ramenée aux conditions de simplicité et de pureté nécessaires pour qu'elle soit comprise et goûtée d'un public demeuré complétement étranger à ses premiers éléments. Que l'on aille offrir à ce public, qui est très-nombreux en France, ce que l'on offre au public blasé de Paris, de savantes et nombreuses combinaisons harmoniques où la mélodie disparaît, où l'accord dissonnant lutte à force égale avec l'accord parfait, ce public s'y perdra complétement et il n'éprouvera que ce que fait éprouver une lumière trop vive, une sorte d'éblouissement qui lui laissera une impression plutôt pénible qu'agréable.

Mais veuillez vous mettre à sa portée ; faites-lui voir comment le chant qu'il connaît, qu'il comprend et qu'il aime peut, *tout en restant plain et intact,* être accompagné, orné et enrichi par une ou deux autres parties qui s'y adaptent *parfaitement,* en laissant toujours dominer très-sensiblement la partie principale, et vous verrez comme vous captiverez facilement l'oreille, l'esprit et l'âme de ce public. Au lieu de le traiter en artiste, et en artiste non chrétien, comme on le fait dans les églises de Paris, donnez-vous la peine de l'initier à l'art tel que le comprend le catholicisme, et vous verrez qu'avant une génération écoulée la foi sera plus vive dans les cœurs, l'attachement à la religion plus profond, et l'on ne dira plus que le Français n'a pas l'oreille musicale.

Le chant étant une prière publique destinée à réunir toutes les voix soit ensemble, soit alternativement, c'est un déplorable usage et une malheureuse pensée que de le réduire en partie à des solos, d'abord parce qu'il ne doit y avoir dans l'Eglise d'autre solo que la voix du prêtre qui est, lui, dans les parties que la liturgie lui attribue et lui réserve, intermédiaire entre Dieu et les hommes et organe officiel du peuple chrétien auprès de Dieu. En second lieu, cet isolement a quelque chose de tout à fait profane et qui distrait les fidèles au lieu de les édifier; car il est impossible qu'ils ne soient pas plus occupés qu'il ne convient des qualités ou des défauts de la voix qu'ils entendent; on ne va pas à l'Eglise, comme on va au théâtre, pour entendre telle ou telle voix, et l'un des avantages du chant en commun, c'est de ne laisssr subsister que l'effet général du chant avec une plus grande puissance. Enfin, cet usage est bien rarement au profi moral et spirituel de celui qu'il met en relief et qu'il rend l'objet de l'attention de tous. La vanité, les prétentions n'ont pas besoin d'être stimulées chez ceux qui ont une aptitude spéciale pour le chant, et il n'y a vraiment aucune utilité pour personne à leur faire ainsi une place à part qui constitue pour eux un danger, comme bien des exemples le prouvent.

Si l'on veut introduire dans l'exécution du chant une certaine variété qui en prévienne la monotonie, le fasse goûter davantage et distingue les solennités des jours et des fêtes ordinaires, nous ne pourrons qu'y applaudir, et très-vivement; mais nous indiquerons pour cela des moyens meilleurs que les solos. C'est d'abord, comme cela se fait dans bien des églises, de chanter les psaumes, les cantiques et les hymnes, partie à l'unisson, partie en harmonie, en observant que la partie à l'unisson soit, à l'encontre de ce qui se fait à Paris, composée d'un plus grand nombre de voix comme représentant la masse des fidèles là où ils ne chantent pas encore tous, et que la partie harmonisée le soit dans les conditions rigoureusement requises par la nature même des choses, c'est-à-dire que la mélodie reste la partie principale et largement dominante, et que l'accompagnement ne soit que l'accompagnement, c'est-à-dire l'accessoire. (Nos artistes en sont venus à ce point que l'on est obligé de s'exprimer ainsi pour se faire comprendre.) Dans les paroisses où l'on a le bonheur d'avoir le chant alterné à deux chœurs, voix d'hommes et voix de femmes, chacun de ces deux chœurs pourrait à son tour chanter alternativement à l'unisson et en harmonie, et parfois aussi se réunir, ce qui peut offrir plus de variété et de combinaisons que n'en comporte la simplicité de la prière chrétienne. Enfin dans les paroisses où l'on n'a pas l'avantage de ces deux chœurs déjà formés et où l'on ne peut espérer l'obtenir, il ne serait peut-être pas si difficile de former des chœurs de voix d'enfants, comme cela se fait en ce pays de Belgique, où l'ancienne domination espagnole nous a laissé tant à apprendre et à imiter en fait d'art chrétien. Ces chœurs d'enfants, bien conduits et modérés, alternant avec la masse des voix du peuple, pourraient être d'un effet religieux incomparablement supérieur à tous les solos.

Ce que nous avons dit de la nécessité, pour les parties harmoniques, de se tenir dans les conditions de simple accompagnement sans jamais dominer la partie principale, doit s'entendre également de l'orgue lorsqu'il est appelé à mêler ses sons à l'accent des voix. Une école normale qui aurait à former des organistes ne saurait trop exiger d'eux qu'ils se renferment rigoureusement dans leurs attributions. Comme instrument d'accompagnement, l'orgue doit aider les voix, les soutenir, les diriger au besoin, les fondre et les unir, mais toujours leur laisser le rôle principal et se bien garder de les étouffer, de les écraser ou même de les dominer ; en un mot, il doit les soulager et non pas les fatiguer ; incomparablement vaudrait-il mieux pour lui diminuer son rôle que de l'excéder, puisqu'après tout ce sont les voix et non l'orgue qui ont à exécuter les chants. Inutile d'ajouter que l'accompagnement de l'orgue doit avoir lieu dans les mêmes conditions que celui des parties vocales : simplicité, naturel et accord parfait, voilà ce qui est le plus dans l'esprit de la prière chrétienne, et voilà bien ce qui est le plus facilement compris de la masse des populations, ce qui les forme le mieux au sentiment de l'harmonie.

Comme instrument de remplissage, l'orgue ne doit jamais se permettre de dépasser la mesure du temps et de la place qu'il a à remplir. Il y a un véritable désordre à ce qu'il prolonge de son chef les offices et à ce qu'il s'impose à l'attention ou à la patience des fidèles, qui ne sont pas venus à l'église pour l'entendre, qui en tout cas ont dû y venir pour tout autre chose et qui ont plus besoin d'être aidés que distraits dans leur prière. Si les éminents artistes qui tiennent l'orgue s'imaginent charmer leur auditoire, qu'ils veulent bien attendre la fin de l'office, ils pourront, avant que le peuple se retire, se livrer à toutes les inspirations de leur talent ou au plaisir d'exécuter de magnifiques compositions ; ils verront ce qu'il leur restera d'admirateurs.

Si l'orgue alterne avec le chœur pour le soulager en exécutant une partie du chant, soit dans les proses et les hymnes, soit dans les psaumes et les cantiques, n'est-il donc pas naturel, n'est-il pas de rigueur qu'il continue le chant et fasse entendre distinctement la mélodie, afin que l'attention des fidèles soit soutenue et que le chœur ait plus de facilité de reprendre la partie vocale un moment interrompue? N'est-il pas choquant de voir l'action sainte discontinuée par une mélodie ou des improvisations complètement étrangères au sujet, comme nous en avons rencontré l'usage dans bien des paroisses et des communautés? A l'observation que nous avons faite on nous a dit qu'il fallait que certaines parties du chant fussent prolongées pour laisser aux cérémonies le temps de s'accomplir simultanément : mais ne serait-il pas possible à l'orgue de faire durer la mélodie tout le temps nécessaire au moyen de quelques variations?

On nous a dit encore que l'on ne faisait que suivre
en ce point un usage adopté en Italie : mais tout ce
qui se pratique dans les églises d'Italie est-il donc à
imiter ? N'y a-t-il pas là aussi bien des réformes à introduire ? Qu'on y prenne garde : Quand un pays a
pu laisser la Révolution s'implanter dans son sein, on
peut dire qu'il y a là bien des abus de tout genre, que
beaucoup de traditions y ont dû être altérées, et qu'a-
vant d'y faire quelque emprunt ou d'y chercher une
autorité à l'appui de ce qu'on veut faire ou justifier,
il faut préalablement bien distinguer entre ce que
l'Église approuve et ce qu'elle tolère.

III.

Les vœux que nous venons de formuler ne peuvent-
ils se réaliser ? Il ne manque pas de gens qui, pour se
dispenser d'agir et de lutter, se hâtent de déclarer impossible tout ce qu'ils n'ont pas le courage d'entreprendre ou de seconder. Ceux-là ne manqueront pas
de nous dire que nos vœux resteront toujours à l'état
de pieux désirs. Mais nous avons heureusement appris
à ne désespérer de rien, et comment commencer aujourd'hui, lorsqu'à l'instant même où nous écrivons
ces dernières lignes, la parole du Pontife suprême,
persécuté et captif, vient nous dire que nous pouvons
être « certains que plus la tempête excitée contre
l'Église par les portes de l'enfer a été terrible, plus la

victoire sera splendide et le calme admirable? »
Cette rude épreuve par laquelle nous passons en ce
moment n'était pas du tout imprévue; depuis bien des
années, elle apparaissait comme le terme et l'issue
inévitables de nos révolutions, mais aussi comme le
prélude de notre régénération religieuse, morale et po
litique. C'est l'œil fixé sur cette époque de triomphe
pour l'Église, époque aujourd'hui très-prochaine, que
les hommes les plus clairvoyants ont travaillé à comprendre les conditions et à préparer les éléments d'un
ordre meilleur et plus réel, et c'est là qu'auraient dû
converger les efforts de quiconque est vraiment dévoué
à la cause du bien. Qu'on nous permette donc, non pas
de raisonner dans la même supposition, ce n'est déjà
plus cela, mais de rester dans les mêmes espérances
et la même perspective d'avenir.

Qu'on le croie bien, ce que nous appelons ici notre
régénération sera une véritable transformation, et cette
transformation est déjà commencée. Les changements
qui se sont opérés sont encore peu de chose auprès de
ce que nous pourrons voir, car les catastrophes qui les
ont produits ne nous ont pas encore fait faire la moitié
du chemin qui nous reste à parcourir pour rentrer
dans l'ordre; mais quand les événements merveilleux
qui doivent nous y ramener auront achevé de changer
les esprits, il n'est rien que l'on ne puisse espérer voir,
car il n'est rien qui ne devienne alors possible à l'action simultanée et parfaitement harmonique des deux
puissances.

Le principe d'autorité étant alors rétabli dans l'ordre

scientifique, aussi bien que dans la famille et dans la
société civile et religieuse, la sotte et orgueilleuse prétention de tout constituer d'après les idées modernes
et le droit nouveau fera place à la recherche et à l'a-
mour des saines traditions. L'antiquité chrétienne nous
réapparaîtra pleine de fécondité pour répondre à des
besoins nouveaux, en nous faisant admirer l'éternelle
jeunesse de l'Église. Le lieu saint repeuplé ne fera
acheter à aucun des fidèles l'avantage de s'asseoir dans
l'assemblée des justes et de s'associer à leurs chants;
les chœurs s'y formeront selon la diversité des sexes
et les vierges pourront y retrouver la place d'honneur
qu'elles y occupaient autrefois.

Que l'État stimule le zèle des communes et subvienne
à leur défaut de ressources, pour que le culte divin
puisse se faire avec décence, sans aucun appel au concours obligé des fidèles; alors il pourra ne plus y avoir
dans le lieu saint d'autre distinction que celle qui est
nécessaire pour établir deux chœurs qui alternent
dans la célébration solennelle des offices. Et pour que
ces chœurs se forment plus facilement, pour qu'ils ne
demeurent pas muets aux jours des plus grandes solennités, que l'autorité épiscopale intervienne pour
interdire partout, s'il est possible, ce que déjà elle a
interdit en quelques diocèses, toutes ces messes de
facture moderne qui ne peuvent devenir populaires,
qui n'ont de musical que les longueurs et les fasti-
dieuses répétitions, qui portent trop bien le caractère
d'une époque où le luxe et le colifichet s'étaient con-
certés pour étouffer le naturel, et où tout était combiné

pour imposer le silence et l'ennui au peuple chrétien.
Que les livres de chant adoptés dans chaque diocèse
avec quelques modifications, adjonctions ou suppres-
sions régulièrement indiquées, soient exclusivement
suivis, afin que les fidèles ne soient plus livrés aux
caprices de chantres ou d'ecclésiastiques dénués de discernement et de goût. Qu'il soit enfin bien compris de
tous que ce n'est pas par l'insolite et l'étrange que l'on
donne un caractère d'allégresse et de vie aux fêtes du
Seigneur, mais par une exécution plus riche et plus
belle des chants consacrés à les célébrer.

Quand l'État, redevenu chrétien, aura fait ce qu'il
doit pour assurer la décence et l'honneur du culte divin, l'autorité ecclésiastique sera plus en mesure et
plus empressée de nous protéger contre les corrupteurs et les profanateurs de la liturgie sacrée, et alors
nos vœux seront en grande partie réalisés.

SUITE DU MÊME SUJET.

Lettre à M. l'abbé D..., directeur au grand séminaire d'A.

Cher Monsieur l'abbé,

Vous avez bien voulu prendre quelque intérêt à ce
que je vous disais au sujet du chant religieux, et vous
m'avez donné à entendre que mes observations ne
vous avaient pas été inutiles dans celles que vous aviez

à faire à vos élèves ; mais je crains que n'étant pas plus versé que moi dans la connaissance intime des règles de l'art musical, vous abdiquiez trop facilement le rôle que vous pouvez remplir dans la direction à donner à cette partie si importante de l'éducation du jeune clergé, et que vos avis ne se renferment dans une limite beaucoup trop restreinte. Malgré le peu d'étude que vous avez fait en cette matière, je crois pouvoir vous dire que vous en savez beaucoup plus que bien des hommes, du reste intelligents, qui s'y sont appliqués et en possèdent la pratique plus que vous. Mais je ne dois pas me contenter de vous le dire ; pour vous déterminer à agir et parler en conséquence, je dois vous le prouver.

Au-dessus de la connaissance et de la pratique des règles de l'art, il y a ce que l'on appelle le goût, dont manquent malheureusement bien des artistes. Je ne leur en fais pas un reproche, car je m'explique parfaitement ce qui d'abord a été pour moi un problème. Quand on est continuellement en lutte contre les difficultés de détails et d'exécution que présente la pratique de l'art, on se laisse facilement absorber par la nécessité de les vaincre ou le moyen de les éluder ; on s'attache à en étudier les secrets et les ressources, à acquérir l'habileté et le *faire*. Et, au milieu de cette préoccupation, de cet exercice et de ces soins, on oublie aisément le but même de l'art et le caractère qu'il doit garder ou revêtir pour produire l'impression voulue. C'est l'intelligence de ce but et le sentiment de ce caractère qui me semblent essentiellement constituer le goût, et je ne suis pas étonné que cela se rencontre plus souvent chez des hommes étrangers à l'art, mais d'un esprit juste et élevé, que chez les artistes eux-mêmes.

Et du reste, ne retrouvez-vous pas partout cette même disposition? Est-ce qu'en littérature la forme, qui est ce qu'on appelle dans l'art le *faire*, n'éblouit pas presque toujours les gens même instruits et lettrés, jusqu'au point de leur faire oublier le fond, pourvu que le vide et le faux n'y soient pas trop choquants? Et n'est-ce pas à la faveur de ce prestige que nous avons vu tant de littérateurs transformés en publicistes et en hommes politiques? Et dans la conduite des affaires publiques ou privées, n'est-ce pas la multitude des détails prévus par les réglements et les lois qui égare si souvent les hommes les plus intelligents et les plus honnêtes, jusqu'à leur faire perdre de vue ces premiers principes du droit naturel qui devraient toujours leur servir de guides dans toutes les questions de droit positif? Même en religion, combien de braves gens et de directeurs peu éclairés semblent faire consister le christianisme dans l'accomplissement des pratiques qui en sont la forme extérieure, au lieu d'insister sur ce qui en fait le fond essentiel et invariable, l'esprit de charité envers tous et le respect pour toute espèce d'autorité?

Tout ceci peut vous paraître une digression, mais ce n'est pas étranger à mon sujet; car si j'ai voulu vous montrer une tendance générale qui nous entraîne dans les plus fâcheuses et les plus déplorables aberrations,

c'est pour vous amener d'abord à dire avec moi qu'une
pareille tendance accuse nécessairement un défaut général dans notre éducation, et pour vous montrer ensuite combien l'enseignement du chant religieux peut
avoir, s'il est bien donné, de puissance et de vertu pour
combattre les défauts de cette éducation qui est évidemment trop superficielle et ne cultive que la mémoire et l'imagination, au lieu de former le goût par
l'amour du naturel et du vrai.

Mais, me direz-vous, est-ce bien par l'étude du
chant que l'on donnera plus de sérieux à l'esprit et
plus de fermeté à la raison ? Cela peut vous paraître
étrange, je le conçois ; mais je suis en mesure de justifier pleinement saint Grégoire-le-Grand et Charlemagne, et de vous montrer que s'ils ont attaché tant
d'importance au chant religieux, ce n'était point par la
seule inspiration de la piété ou par l'effet d'une de ces
prédilections naturelles que l'on rencontre même chez
les hommes de génie ; c'était chez eux l'inspiration
d'une haute intelligence qui connaît la nature de
l'homme et comprend les moyens de la diriger vers le
bien.

Ce n'est certainement pas par la musique telle qu'elle
est enseignée aujourd'hui que des hommes supérieurs
auraient jamais pu imaginer de faire ou de perfection-
ner l'éducation des peuples ; jamais, dans leur pensée
la véritable civilisation n'a pu venir que du christianisme et par le christianisme ; or, rien de moins chrétien que le caractère général et l'influence de notre
musique ; aussi soyez bien persuadé que ceux qui ont

voulu la rendre populaire avaient en vue tout autre chose que l'éducation morale et chrétienne des masses : éloigner le peuple des assemblées religieuses et favoriser en lui le goût de la frivolité et des théâtres, voilà en réalité le but de ceux qui le dirigeaient et prétendaient lui donner le goût et l'intelligence de l'art. Méfiez-vous de ce que vous voyez faire de nouveau dans les temps de décadence et à la veille des grandes catastrophes ; et quand il y a un parti qui travaille à amener les catastrophes, croyez bien que ce qui se fait alors d'inusité entre dans les projets et les plans du parti.

Voulût-on même civiliser un peuple par la musique religieuse proprement dite, on ne parviendrait pas plus à lui donner l'intelligence de l'art qu'à le rendre chrétien. Composez d'après les meilleurs maîtres un répertoire de musique sacrée, et faites exécuter cela partout où il vous sera possible de trouver les éléments de direction et d'exécution, vous n'obtiendrez guère d'autre résultat que de faire plaisir à quelques esprits éclairés et délicats ; l'impression religieuse obtenue ne sera pas, même pour ce public d'élite, ce que l'on doit chercher dans la prière, consolation, force, et accroissement de la vie chrétienne. Quant à la masse des fidèles, elle sera restée étrangère, plutôt distraite que captivée et recueillie ; elle aura écouté comme on écoute un discours trop relevé pour être compris, et elle n'en gardera dans sa mémoire rien qui ramène sur ses lèvres quelques-unes des formules de la prière publique.

Reste le chant ecclésiastique tel que nous l'avons, et vous allez supposer tout de suite qu'il fallait que les temps de saint Grégoire et de Charlemagne fussent bien ignorants et barbares pour que ce chant parût à des hommes de génie un élément de civilisation digne de leur sollicitude. Mais croyez bien une chose : c'est que nous ne connaissons pas ce chant que nous avons et qui est lettre morte entre les mains de ceux mêmes qui l'étudient et qui sont chargés de l'enseigner. On l'a cependant cultivé quelque peu en certains pays ; des recherches heureuses et des découvertes ont été faites dans ces derniers temps, qui nous ont aidés à retrouver les anciennes traditions ; la partie technique et scientifique de l'art religieux en ce point laisse peu à désirer, et nous avons même à cet égard plus qu'il ne faut pour amener et opérer une brillante rénovation. Que nous manque-t-il donc? Il nous manque la partie esthétique ; il nous manque le goût, qui ici n'est autre que le sens chrétien. Et c'est là, à vrai dire, la partie principale de l'art religieux. C'est parce que vous l'avez, grâce à Dieu, dans une mesure peu commune, que je vous engagerai à ne pas vous arrêter à un certain défaut de connaissances techniques et pratiques, quand vous pouvez faire remarquer à de plus habiles que vous ce qu'ils devraient savoir et retenir avant tout. Il m'est arrivé de rencontrer de savants ecclésiastiques, capables de disserter longuement sur les dernières subtilités de l'art musical et de vous dire le nombre de vibrations qui distinguent le *ré* dièze du *mi* bémol ; mais, dans la pratique, bien qu'ayant une voix très-suffisante et très-suffisamment exercée, leur chant était froid, insignifiant et n'avait rien qui s'accordât avec le sens des paroles. Soyez certain de ceci : c'est qu'avec un peu d'exercice et d'habitude un prêtre fervent n'a pas besoin d'être doué beaucoup mieux que le commun des hommes pour chanter de manière à exciter chez ceux qui l'entendront la foi et l'esprit de prière. C'est bien là le but du chant ecclésiastique, et, pour y arriver, la piété trouvera un langage et des accents que la science ne donnera jamais.

Ce n'est pas cependant que le chant ecclésiastique appelle et comporte l'expression du sentiment au même point que la musique profane ; ce serait, je crois, un excès fâcheux et condamnable que de vouloir l'y introduire ; ce serait, d'ailleurs, s'écarter de l'esprit chrétien, qui est la grande règle à suivre dans tout ce qui est des choses religieuses. Or, l'esprit chrétien est esprit de simplicité et de modestie ; esprit de modération et de mesure, il évite tout ce qui sort extérieurement de l'ordre commun, tout ce qui peut paraître affecté, tout ce qui tend à mettre en relief la personnalité propre. Mais il y a une autre sorte d'expression qui doit se trouver dans le chant religieux, expression digne et contenue, qui laisse deviner la piété, qui respire la vie sans accuser la violence des impressions, qui se fait sentir par le respect pour la pureté de la prononciation et pour l'intégrité du texte liturgique que l'on ne se permet pas de surcharger, d'amplifier et d'orner. Tel est le genre d'expression qui convient au chant ecclésiastique et qui seul est compatible, soit avec son caractère religieux, soit avec le but qu'il se propose de réunir les voix de tous les fidèles en une seule voix mélodique ou harmonique.

Eh bien ! ce genre d'expression, qui s'indique si facilement en quelques lignes et qui semble n'avoir besoin que d'être précisé et recommandé à l'attention, est à lui seul le fond d'un enseignement et d'un système d'éducation. C'est ce que j'ai appelé l'esthétique de l'art, et vous verrez, pour peu que vous vouliez revenir sur les termes dont je me suis servi, que c'est bien là, sans que l'on s'en doute, la partie la plus importante et la plus propre à former, non pas seulement des chantres et des artistes, mais surtout des chrétiens et des hommes de goût.

En parlant du respect dû à la pureté de la prononciation, je vais peut-être faire le procès à beaucoup de vos ecclésiastiques, qui semblent n'avoir jamais compris la différence qu'il y a entre un *a*, un *e* et un *o*, et qui, dans leur chant, ne peuvent conserver à chacune de ces voyelles son caractère propre et bien nettement accusé. C'est là la première partie de l'éducation, non-seulement musicale, mais sociale à donner aux jeunes gens, car la première chose qui fait reconnaître un homme bien élevé, c'est la pureté de sa prononciation, et la première qualité du chant, c'est que les paroles prononcées soient comprises aussi facilement que possible. Avouez que pour obtenir cette pureté et cette netteté sans affectation dans le langage, il y a déjà un travail de civilisation qui fait sortir l'homme de la grossièreté et de la barbarie.

Pour obtenir ensuite ce respect du texte liturgique, qui ne permet pas plus de le surcharger et de l'orner que de le mutiler, il faut faire appel à des sentiments bien plus élevés et qui tiennent profondément à l'esprit du christianisme. Quand on aime l'Église, que l'on croit à sa haute sagesse, comment peut-on avoir la présomption de faire mieux qu'elle, de corriger ce qu'elle a fait, de déroger à la simplicité des formules qu'elle a choisies? Comment ne pas se dire que les chants qu'elle a adoptés sont bien certainement plus empreints de son esprit que ceux que l'on pourrait leur substituer, qu'il y a tout au moins sottise et témérité à se permettre de les altérer, et qu'il y a toujours un grave inconvénient à rompre l'unité dans ce qui est et doit demeurer l'expression de la prière commune? Ne voyez-vous pas là un des meilleurs moyens de rétablir ce qui nous manque le plus dans l'ordre religieux, moral et politique; le respect de l'autorité et la défiance de ses propres inspirations? Et je dis « un des meilleurs moyens, » car l'occasion de rappeler cette grande règle se représentera nécessairement très-souvent dans les exercices réitérés qu'exige l'étude du chant.

C'est encore l'autorité de l'Église qui devra servir de base et de règle en un autre point très-important. La plus grande partie du chant ecclésiastique devant être exécutée par tous, ainsi que vous le savez, il faut bien présenter comme abusif et déréglé, comme contraire aux vœux de l'Église, tout ce qui tend à faire sortir le chant de la portée commune des voix ou à le

rendre inintelligible, traînant et fastidieux. Que de réformes contenues dans ce seul énoncé et quelle ample
matière à des observations de détail dans la pratique
de l'enseignement! que d'occasions par là même d'inviter les esprits à se pénétrer de la pensée de l'Église
et à s'y conformer!

Mais la source la plus féconde d'observations pratiques et chrétiennes est bien en ce point que le chant
de l'Église est une prière, qu'il faut en bannir par
conséquent tout ce qui ne s'accorde pas avec ce caractère, qui est à la fois simplicité, piété et ferveur, tout
ce qui sort du naturel, tout ce qui sent l'effort, la
rudesse ou l'apprêt. Y a-t-il un meilleur moyen de
former les jeunes gens à l'esprit de prière, qui est le
fond de l'esprit du christianisme, que d'avoir souvent
à leur dire : Est-ce ainsi que l'on prie quand on fait
attention à ce que l'on dit et que l'on désire vivement
être exaucé? Avouez-le, rien n'est plus propre à former la jeunesse et à l'habituer à se rendre compte du
caractère, du but et de la portée de ses actes. C'est
substituer la raison et la foi à la routine et à l'irréflexion.

Peut-être n'êtes-vous pas plus heureux que bien
d'autres, et n'aurez-vous jamais rencontré nulle part
le chant exécuté dans les conditions que j'indique. Je
vous dirai cependant qu'il est quelques provinces de
France où l'on a eu « le bonheur, » comme dit le Concile de Bordeaux, de conserver l'antique usage de
l'Église, et, malgré ce que le chant exécuté par tous
peut y avoir de défectueux, il a néanmoins une vertu

qui donne la vie à nos solennités, alimente l'esprit religieux et ne laisse pas le vide se faire dans les églises. Il paraît, d'après le même Concile, qu'il y a des provinces où l'on a eu la sagesse de revenir à cet excellent et salutaire usage, et je pourrais conclure de là que l'on peut l'établir où il n'existe pas; mais je n'ai pas besoin de cette preuve, parce que le fait est trop dans la nature des choses. Partout, en effet, les populations qui fréquentent l'église tendent d'elles-mêmes à s'associer aux chants qu'elles entendent, et si elles ne le font pas, c'est qu'elles en sont plutôt détournées par la manière dont les chants s'exécutent qu'aidées dans le désir qu'elles ont d'y prendre part. N'isolez pas tant vos chantres; obligez-les à se tenir à la portée commune des voix ; recommandez-leur de ne pas crier au lieu de prier ; formez un groupe exercé à chanter dans les conditions régulières, et vous verrez que ce groupe n'aura pas de peine à s'étendre ; gagnant de proche en proche, il aura bientôt attiré à lui la masse de ceux qui se rendent à l'église pour prier. C'est ainsi que vous obtiendrez ce qui se fait en d'autres pays au grand avantage moral et spirituel des populations.

Mais l'on peut obtenir beaucoup plus, car ce qui existe est loin de ce qui pourrait se faire si le zèle de l'autorité ecclésiastique, s'exerçant sur l'enseignement des écoles et des séminaires, était secondé par la bonne volonté d'un gouvernement aussi ami de l'art religieux que le dernier l'était de l'art profane et corrupteur. Que l'on accorde aux artistes chrétiens une faible partie de la protection et des faveurs prodiguées aux amuseurs publics, et vous verrez quelle est la puissance de l'art lorsqu'il est dominé et réglé par les principes de l'esthétique chrétienne. Attachez-vous à ces principes, qui sont, comme je vous l'ai dit, la partie principale de l'art, en ce qu'ils en fixent le but et le caractère, et après cela appelez à vous les artistes; sans le concours de leur talent et de la science que leur ont donnée leurs études, vous n'arriverez jamais que très-imparfaitement à votre but; abandonnés à eux-mêmes, ils vous en feront très-facilement dévier; mais aidé de leurs lumières, vous trouverez des trésors d'harmonie qui, s'unissant à la voix du peuple chrétien, lui apporteront les joies du ciel et lui feront désirer de voir revenir les jours du Seigneur.

Et un peuple qui aime les fêtes de la religion est toujours un peuple facile à gouverner.

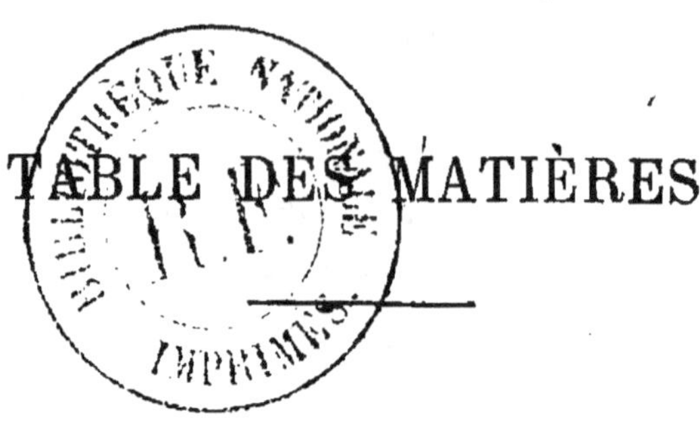

TABLE DES MATIÈRES

Victor PALMÉ, Libraire-Éditeur

25, rue de Grenelle-Saint-Germain, à Paris

OUVRAGES D'ACTUALITÉ

LES FILLES DE BABYLONE, prophéties du temps présent, par M. Louis VEUILLOT. 1 vol. in-18 jésus de 120 pages. — Prix : 1 fr. 25 ; par la poste, 1 fr 50.

LE LENDEMAIN DE LA VICTOIRE, VISION PROPHÉTIQUE, par M. Louis VEUILLOT. 1 vol. in-18 jésus de 325 pages. — Prix : 2 fr. ; par la poste, 2 fr. 50.

LA GUERRE ET L'HOMME DE GUERRE, par M. Louis VEUILLOT. 1 beau vol. in-18 jésus. — Prix : 3 fr. 50.

LA LÉGALITÉ, dialogue par le même. 1 vol. in-32 jésus, pittoresque. — Prix : 1 fr. 25 ; par la poste, 1 fr. 50.

L'ESCLAVE VINDEX, par le même. 1 vol. in-32 jésus. — Prix : 1 fr. 25 ; par la poste, 1 fr. 50.

MOMARCHIE ET RÉPUBLIQUE. Brochure in-18 de 36 pages. — Prix : 10 cent. ; par la poste, 15 cent ; la douzaine, 1 fr. ; par la poste, 1 fr. 50 ; le cent, 7 fr. 50 ; par la poste, 10 fr.

HENRI V JUGÉ PAR LUI-MÊME. Brochure populaire de 36 pages. — Prix : 10 cent., par la poste, 15 cent. ; la douzaine, 1 fr. ; par la poste, 1 fr. 50 ; le cent, 7 fr. 50 ; par la poste, 10 fr.

HENRI V ET LA MONARCHIE TRADITIONNELLE. Brochure. in-18 de 120 pages. — Prix : 30 cent. ; par la poste, 40 cent. ; les 13/12, 3 fr. ; par la poste, 4 fr.

HISTOIRE DE PIE IX ET DE SON PONTIFICAT, par Alexandre DE SAINT-ALBIN. 2 beaux vol. in-8 (avec portrait du Pape). — Prix : 10 fr.

SOUS PRESSE, DU MÊME

ROME PENDANT LE CONCILE. 2 vol. in-8.
PARIS PENDANT LES DEUX SIÉGES. 2 vol. in-8.

Paris, imp. Balitout, Questroy et Cie, 7, rue Bailleul.